Fast tillid til det, der håbes på

Dr. Jaerock Lee

*"Tro er fast tillid til det, der håbes på,
overbevisning om det, der ikke ses.
Den er jo bevidnet om de gamle.
I tro fatter vi, at verden blev skabt ved Guds ord, så det, vi ser,
ikke er blevet til af noget synligt."*
(Hebræerbrevet 11:1-3)

Fast tillid til det, der håbes på af Dr. Jaerock Lee
Udgivet af Urim Books (Repræsentant: Sungnam Vin)
73, Yeouidaebang-ro 22-gil, Dongjak-gu, Seoul, Korea
www.urimbooks.com

Alle rettigheder er reserveret. Denne bog eller dele heraf må ikke reproduceres, lagres eller transmitteres på nogen måde, hverken elektronisk, mekanisk, som kopi eller båndoptagelse uden skriftlig tilladelse fra udgiveren.

Medmindre andet bemærkes er alle citater fra Bibelen, Det Danske Bibleselskab, 1997.

Copyright © 2020 ved Dr. Jaerock Lee
ISBN: 979-11-263-0543-8 03230
Oversættes Copyright © 2011 ved Dr. Esther K. Chung. Brugt med tilladelse.

Tidligere udgivet på koreansk af Urim Books i 1990

Første udgivelse: februar, 2020

Redigeret af Dr. Geumsun Vin
Design: Redaktionsbureauet ved Urim Books
Tryk: Prione Printing
For yderligere information: urimbook@hotmail.com

Forord

Frem for alt vil jeg takke og prise Gud Fader, som har ladet os udgive denne bog.

Gud, som er kærlighed, sendte sin enbårne søn, Jesus Kristus, som sonoffer for menneskeheden, der var dømt til døden på grund af deres synder siden Adams ulydighed. Dermed blev vejen banet for vores frelse. Alle, som åbner deres hjerter og tager imod Jesus Kristus som deres frelser med denne tro, vil blive tilgivet deres synder, få Helligånden som gave og blive anerkendt som Guds børn. Desuden vil de have ret til at få svar på hvad som helst, de beder om med tro. Resultatet vil være et liv i overflod uden nogen mangler, og disse mennesker vil være i stand til at sejre over verden.

Bibelen fortæller os, at troens fædre troede på Guds kraft til at skabe noget ud af ingenting. De oplevede Guds forunderlige gerninger. Vor Gud er der samme i går, i dag og i morgen, og med sin almægtige kraft udfører han stadig de samme gerninger for de mennesker, som tror og praktiserer Guds ord, som det står i Bibelen.

Gennem mit præstevirke har jeg i løbet af det sidste årti set utallige medlemmer af Manmin, som har fået svar og løsninger på forskellige problemer i deres liv ved at tro og adlyde sandhedens ord, og de har på den måde forherliget Gud. De har troet på det ord, der fortæller os at: *"indtil nu er Himmeriget blevet stormet, de fremstormende river det til sig"* (Matthæusevangeliet 11:12). Dermed har de slidt og bedt og udøvet Guds ord for at opnå stor tro, og disse mennesker har for mig været smukkere og mere dyrebare end noget andet.

Dette værk er tilegnet de mennesker, som oprigtigt ønsker at føre et liv i sejr ved at have sand tro til Guds pris, sprede Guds kærlighed og udbrede budskabet om Herren. I de to seneste årtier har jeg prædiket mange budskaber med titlen "Tro." Denne bog er blevet skabt ved at tage uddrag fra disse prædikener og redigere dem. Jeg håber, at dette værk *Tro: Fast tillid til det, der håbes på* vil fungere som et fyrtårn, der kan lede utallige sjæle til sand tro.

Vinden blæser, hvorhen den vil, og den er usynlig for os. Men når vi ser, hvordan træernes blade vifter, kan vi mærke, at vinden er en realitet. På samme måde er Gud usynlig og kan ikke ses med det blotte øje, men han lever, og hans eksistens er en realitet. Derfor vil vi være i stand til at se ham, høre ham, fornemme hans nærvær og opleve ham ligeså meget vi vil, i den grad vi tror på ham.

Jaerock Lee

Indholdsfortegnelse

Fast tillid til det, der håbes på

Forord

Kapitel 1
Kødelige tro og åndelig tro   1

Kapitel 2
Det, kødet vil, er fjendskab med Gud   13

Kapitel 3
Nedbryd alle tanker og teorier   29

Kapitel 4
Vi skal så troens sæd   43

Kapitel 5
"Hvis du kan! Alt er muligt!"   57

Kapitel 6
Daniel satte sin lid til Gud   71

Kapitel 7
Gud forsørger på forhånd   85

Kapitel 1

Kødelige tro og åndelig tro

Tro er fast tillid til det,
der håbes på, overbevisning om det, der ikke ses.
Den er jo bevidnet om de gamle.
I tro fatter vi, at verden er skabt ved Guds ord,
så det, vi ser, ikke er blevet til af noget synligt.

Hebræerbrevet 11:1-3

En præst glæder sig over at se sin flok have sand tro og prise Gud med oprigtighed. Når nogle af dem bærer vidnesbyrd om den levende Gud og fortæller om deres liv i Kristus, vil præsten fryde sig og udføre sine gudgivne opgaver med endnu større ildhu. Men hvis nogle af dem ikke forbedrer deres tro, og i stedet bliver udsat for trængsler og lidelser, vil præsten føle deres smerte og hans hjerte vil blive foruroliget.

Uden tro er det umuligt at behage Gud og at få svar på sine bønner, men det vil også være meget svært at have håb om himlen og at leve et ordentligt liv i troen.

Tro er det vigtigste grundlag i et kristent menneskes liv. Den er genvejen til frelse og en essentiel nødvendighed for at få Guds svar. Nu om stunder har folk ingen anelse om troens rette definition, og der er derfor mange mennesker, som ikke har sand tro. De har ikke sikkerhed om frelse. De går ikke i lyset og de får ikke Guds svar, selv om de bekender deres tro på Gud.

Tro kan inddeles i to kategorier: Kødelig tro og åndelig tro. Dette første kapitel forklarer, hvad der er sand tro, og hvordan man kan få Guds svar og lade sig lede på vejen til evigt liv gennem oprigtig tro.

1. Kødelig tro

Når man kun tror på det, man kan se med egne øjne og det,

som stemmer overens med ens egen viden og tænkemåde, så kaldes det for "kødelig tro." Med den kødelige tro kan man kun tro på det, der er lavet af noget synligt. Man kan f.eks. tro på, at et skrivebord er lavet af træ.

Den kødelige tro kaldes også "tro som viden." Med denne tro kan man kun tro på det, som stemmer overens med den viden, man har oplagret i hjernen, eller med ens egne tanker. Man kan tro uden tvivl at et skrivebord er lavet af træ, fordi man selv har set eller hørt, at skriveborde laves af træ, og man har forstået det.

Hjernen rummer et hukommelsessystem, og folk lægger mange former for viden ind i dette system lige fra fødslen. De oplagrer viden om ting, de har set, hørt og lært fra forældre, søskende, venner og naboer eller i skolen, og så bruger de den oplagrede viden efter behov.

Men det er ikke alt det, som oplagres i hjernen, der nødvendigvis er sandt. Guds ord er sandheden, fordi det holder til evig tid, mens viden fra denne verden let kan forandres og tit er en blanding af sandhed og usandhed. Da folk ikke har en fuldkommen forståelse af sandheden, indser de ikke, at usandheder ofte bliver misbrugt, som om de var sandheder. De tror for eksempel, at evolutionsteorien er rigtig, fordi de har lært denne teori i skolen uden at have viden om Guds ord.

De mennesker, som har lært, at alle de ting, der eksisterer, er lavet af noget, kan ikke tro på, at noget kan opstå ud af intet.

Hvis et menneske, som har kødelig tro, påduttes den opfattelse, at noget er lavet af intet, så vil den viden, han har oplagret og troet siden sin fødsel, afholde ham fra at tro det. Han vil blive fyldt af tvivl og være ude af stand til at tro.

I Johannesevangeliets tredje kapitel kommer Nikodemus, som er medlem af jødernes råd, til Jesus for at have en spirituel samtale med ham. Under denne samtale udfordrer Jesus ham og siger: *"Tror I ikke, når jeg har talt til jer om det jordiske, hvordan skal I så tro, når jeg taler til jer om det himmelske?"* (vers 12)

Når man begynder sit kristne liv, oplagrer man viden om Guds ord i den grad, man hører om ham. Men man kan ikke for alvor tro det i starten, og man har derfor kødelig tro. Med denne kødelige tro vil der opstå tvivl, og det til ikke være muligt at leve ved Guds ord, kommunikere med Gud og få hans kærlighed. Derfor kaldes den kødelige tro også "tro uden gerninger" eller "død tro."

Man kan ikke blive frelst med den kødelige tro. Jesus sagde i Matthæusevangeliet 7:21: *"Ikke enhver, som siger: Herre, Herre! til mig, skal komme ind i Himmeriget, men kun den, der gør min himmelske faders vilje."* Og i Matthæusevangeliet 3:12: *"Han har sin kasteskovl i hånden, og han skal rydde sin tærskeplads og samle sin hvede i lade, men avnerne skal han brænde i en ild, der aldrig slukkes."* Kort sagt: Hvis man ikke praktiserer Guds ord, og hvis ens tro ikke ledsages af gerninger, så kan man ikke komme ind i det himmelske rige.

2. Åndelig tro

Når man tror på ting, som ikke kan ses, om som ikke stemmer overens med menneskelig tænkning og viden, så kan det siges, at man har åndelig tro. Med denne åndelige tro kan man tro, at noget er lavet ud af intet.

I Hebræerbrevet 11:1 defineres den åndelige tro på følgende måde: *"Tro er fast tillid til det, der håbes på, overbevisning om det, der ikke ses."* Med andre ord vil tingene blive en realitet, når man ser dem med spirituelle øjne, og når man ser det usynlige med troende øjne, åbenbares den overbevisning, hvormed man kan tro. Med den åndelige tro vil det være muligt at gøre det, der er umuligt med kødelig tro – også kaldet tro som viden – og det, man tror, vil blive en realitet.

For eksempel blev det Røde Hav delt i to, sådan at Israels folk kunne gå tørskoet over, fordi Moses så tingene med troens øjne (Anden Mosebog 14:21-22). Og da Josva, Moses efterfølger, og hans folk så på Jeriko med troens øjne, marcherede rundt om den syv dage i træk og råbte mod bymuren, faldt byen i ét nu (Josvabogen 6:12-20). Abraham, troens fader, var i stand til at adlyde Guds befaling og ofre sin eneste søn Isak, som var kommet til verden efter Guds løfte, fordi han troede på, at Gud ville være i stand til at genoplive de døde (Første Mosebog 22:3-12). Det er derfor, den åndelige tro også kaldes "tro ledsaget af gerninger" og "levende tro."

I Hebræerbrevet 11:3 står der: *"I tro fatter vi, at verden blev skabt af Guds ord, så det, vi ser, ikke er blevet til af noget synligt."* Himlen og jorden og alt i dem inklusiv solen, månen, stjernerne, træerne, fuglene, fiskene og de vilde dyr er blevet skabt ved Guds ord, og han dannede menneskeheden af muldet. Alle disse ting blev dannet ud af intet, og dette faktum kan vi kun tro og forstå ved hjælp af åndelig tro.

Ikke alt kan ses med vores øjne som en synlig realitet, men ved Guds kraft, det vil sige ved hans ord, blev alt til. Derfor bekender vi, at Gud er almægtig og alvidende, og fra ham kan vi få alt, hvad vi beder om med tro. Det skyldes, at den almægtige Gud er vores Fader og vi er hans børn, så alt bliver gjort for os, sådan som vi tror det.

For at få svar og opleve mirakler ved troen må man forandre den kødelige tro til åndelig tro. For det første må vi forstå, at den viden, der er blevet oplagret i hjernen siden vores fødsel, og den kødelige tro, der er baseret på denne viden, afholder os fra at få åndelig tro. Vi må nedbryde den viden, som giver os tvivl, og fjerne alle de misvisende informationer, som er blevet oplagret i hjernen. I den grad vi lytter til Guds ord og forstår det, vil den sjælelige viden blive oplagret i os. Og i den udtrækning, vi ser tegn og undere, som åbenbares ved Guds kraft, og oplever beviser på den levende Gud, som manifesteres gennem mange troendes vidnesbyrd, skiller vi os af med tvivl og den åndelige tro vokser.

Når den åndelige tro vokser, kan vi leve ved Guds ord, kommunikere med ham og få hans svar. Når tvivlen er fuldkommen ophørt, kan vi stå på troens klippe og have en stærk tro, hvorved vi kan føre sejrende liv selv under trængsler og prøvelser.

Angående klippen af tro advares vi i Jakobsbrevet 1:6: *"Men han skal bede i tro, uden at tvivle; for den, der tvivler, er som en bølge på havet, der rejses og brydes af vinden."* Og i Jakobsbrevet 2:14 spørges vi: *"Hvad nytter det, mine brødre, hvis et menneske siger, han har tro, men ikke har gerninger? Kan den tro måske frelse ham?"*

Jeg tilskynder derfor til at huske, at det først er, når vi skiller os af med enhver tvivl, står på troens klippe og udviser troens gerninger, at vi kan siges at have åndelig og sand tro, hvormed vi kan blive frelst.

3. Sand tro og evigt liv

Lignelsen om de ti brudepiger, som findes i Matthæusevangeliet kapitel 25, har mange moraler. Den fortæller, at de ti brudepiger tog deres lamper og gik ud for at møde brudgommen. Fem af dem var kloge, og tog både deres lamper med og olie i deres kander. De var klar, da brudgommen endelig kom. Men de fem tåbelige brudepiger havde ikke medbragt olie til lamperne, så de kunne ikke tage imod brudgommen. Denne lignelse fortæller os, at blandt de troende er der nogle, som lever trofaste liv og forbereder sig på Herrens genkomst med åndelig tro, og de vil blive frelst. Men de andre, som ikke forbereder sig ordentligt, vil ikke være i stand til at opnå frelse, for deres tro er en død tro, som ikke ledsages af gerninger.

Gennem Matthæusevangeliet 7:22-23 viser Jesus os, at selv om der er mange, der har profeteret, uddrevet dæmoner og udført mirakler i hans navn, så er det ikke dem alle, der vil blive frelst. Det skyldes, at de vil vise sig at være avner, som ikke har gjort Guds vilje, men i stedet har været lovløse og begået synder.

Hvordan kan vi skelne mellem hvede og avner?

Ifølge ordbogen er avnen den skal, der sidder om et korn, og som fraskilles ved tærskning. "Avner" henviser i spirituel sammenhæng til troende, som synes at leve ved Guds ord, men som begår onde gerninger uden at forandre deres hjerte med sandheden. De går i kirke hver søndag, giver tiende, beder til Gud, tager sig af syge medlemmer og tjener kirken, men de gør det ikke for Gud, kun for at vise sig overfor folk omkring dem. Det er derfor, de kategoriseres som avner, og ikke kan opnå frelse.

Hveden henviser til de troende, som er blevet åndelige mennesker ved Guds sandheds ord, og som har en tro, der ikke rystes under nogen omstændigheder. De lader sig hverken rokke til højre eller til venstre. Og de gør alt ved troen: De faster ved troen og beder til Gud ved troen, så de kan få Guds svar. De handler ikke på baggrund af pres fra andre, men gør alt med glæde og taknemmelighed. Da de følger Helligåndens stemme for at behage Gud og handle ved troen, trives deres sjæle, alt går dem godt og de har godt helbred.

Jeg vil nu tilskynde læserne til at undersøge sig selv for at se, om I har tilbedt Gud i sandhed og ånd, eller om I har været døsig og haft ligegyldige tanker, eller vurderet Guds ord under gudstjenester. I må også se tilbage og undersøge, om I har givet offergaver med glæde, eller kun sået sparsomt og uvilligt af hensyn til, hvad andre ville tænke. Jo stærkere åndelig tro, man får, jo flere gerninger vil man udvise. I den udstrækning, man praktisere Guds ord, får man levende tro, og man dvæler i Guds kærlighed og velsignelser, går med ham og har succes med alt, man gør. Alle de velsignelser, som er optegnet i Bibelen, vil komme, fordi Gud er trofast overfor sit løfte, som der står i Fjerde Mosebog 23:19: *"Gud er ikke et menneske, så han lyver, et menneskebarn, så han angrer. Når han har sagt noget, gør han det; når han har lovet noget, lader han det ske."*

Så hvis man har gået til gudstjenester, bedt regelmæssigt og tjent kirken flittigt, men endnu ikke har fået det, som man af hjertet ønsker, så må man forstå, at der er noget, man har gjort galt.

Hvis man har sand tro, må man følge og praktisere Guds ord. I stedet for at insistere på egne tanker og viden, bør man anerkende, at det kun er Guds ord, der er sandheden, og man må modigt nedbryde hvad som helst, der står i modstrid med ordet. Man må skille sig af med enhver form for ondskab ved flittigt at lytte til Guds ord og opnå helliggørelse gennem uophørlig bøn.

Det er ikke sandt, at man kan blive frelst bare ved at gå i kirke, høre Guds ord og oplagre det som viden. Hvis ikke man praktiserer det, er der tale om død tro uden gerninger. Det er først, når man har sand og åndelig tro og udfører Guds vilje, at man vil være i stand til at komme ind i himlens rige og opnå det evige liv.

Må I alle indse, at Gud vil, at vi skal have åndelig tro som ledsages af gerninger, få det evige liv og nyde de privilegier, som tilhører Guds børn, der har sand tro!

Kapitel 2

Det, kødet vil, er fjendskab med Gud

"De kødelige vil det kødelige,
og de åndelige vil det åndelige.
Det, kødet vil, er død, og det,
Ånden vil, er liv og fred. For det, kødet vil,
er fjendskab med Gud;
det underordner sig ikke Guds lov og kan det heller ikke.
De, som er i kødet, kan ikke være Gud til behag."

Romerbrevet 8:5-8

Det, kødet vil, er fjendskab med Gud • 15

I dag er der mange mennesker, som går i kirke og bekender deres tro på Jesus Kristus. Dette er glædeligt, og det er godt at vide. Men vor Herre Jesus sagde i Matthæusevangeliet 7:21: *"Ikke enhver, som siger: Herre, Herre! til mig, skal komme ind i Himmeriget, men kun den, der gør min himmelske faders vilje."* Og han tilføjer i Matthæusevangeliet 7:22-23: *"Mange vil den dag sige til mig: Herre, Herre! Har vi ikke profeteret i dit navn, og har vi ikke uddrevet dæmoner i dit navn, og har vi ikke gjort mange mægtige gerninger i dig navn? Og da vil jeg sige til dem, som det er: Jeg har aldrig kendt jer. Bort fra mig, I som begår lovbrud!"*

Og i Jakobsbrevet 2:26 står der: *"For en tro uden gerninger er lige så død som et legeme uden åndedræt."* Det er derfor, vi må gøre vores tro fuldkommen gennem lydige gerninger, sådan at vi kan blive anerkendt som sande børn af Gud, og få hvad som helst, vi beder om.

Efter at vi tager imod Jesus Kristus som vores frelser, begynder vi at glæde os over Guds lov og at tjene den. Men hvis vi undlader at overholde Guds bud, så tjener vi syndens lov med kødet, og så behager vi ham ikke. Det skyldes, at med kødelighed sættes vi i fjendskab med Gud, og så er vi ikke i stand til at rette os efter Guds lov.

Men hvis vi kan skille os af med kødelige tanker og følge de åndelige tanker, så kan vi lade os lede af Guds Ånd, overholde hans befalinger og behage ham på samme måde som Jesus, der opfyldte loven med kærlighed. Og så vil Guds løfte om at "alt er muligt for den, som tror", komme til os.

Lad os nu se nærmere på forskellen mellem kødelige og åndelige tanker. Lad os se, hvorfor det kødelige er fjendtligt overfor Gud, og hvordan vi kan undgå kødelige tanker og følge Ånden, sådan at vi behager God.

1. De kødelige tænker på det kødelige, mens de åndelige ønsker åndelige ting

1) Kødet og kødelige lyster

I Bibelen finder vi ord og udtryk såsom "kødet", "kødelige ting", "kødets lyster" og "kødets gerning." Disse udtryk har den fælles betydning, at der er tale om ting som forgår og forsvinder, efter at vi forlader denne verden.

Kødets gerninger er optegnet i Galaterbrevet 5:19-21: *"Kødets gerninger er velkendte: utugt, urenhed, udsvævelse, afgudsdyrkelse, trolddom, fjendskaber, kiv, misundelse, hidsighed, selviskhed, splid, kliker, nid, drukkenskab, svir og mere af samme slags. Jeg siger jer på forhånd, som jeg før har sagt, at de, der giver sig af med den slags, ikke skal arve Guds rige."*

I Romerbrevet 13:12-14 advarer apostelen Paulus os mod kødets lyster med ordene: *"Natten er fremrykket, dagen er nær.*

Det, kødet vil, er fjendskab med Gud • 17

Lad os da aflægge mørkets gerninger og tage lysets rustning på. Lad os leve sømmeligt, som det hører dagen til, ikke i svir og druk, ikke løsagtigt og udsvævende, ikke i kiv og misundelse, men iklæd jer Herren Jesus Kristus, og vær ikke optaget af det kødelige, så det vækker begær."

Vi har et sind, og vi har vores tanker. Når vi har syndefulde lyster og usandheder i vores sind, så kaldes det for "kødets lyster", og når de syndefulde lyster kommer til syne som handlinger, så kaldes de "kødets gerninger." Kødets lyster og gerninger står i modstrid til sandheden, så de mennesker, som er optaget af det kødelige, kan ikke arve Guds rige.

Gud advarer os derfor i Første Korintherbrev 6:9-10: *"Ved I ikke, at uretfærdige ikke skal arve Guds rige? Far ikke vild! Hverken utugtige eller afgudsdyrkere eller ægteskabsbrydere eller mænd, der ligger i med mænd, eller tyve eller griske mennesker, ingen drukkenbolte, ingen spottere, ingen røvere skal arve Guds rige."* Og der står i Første Korintherbrev 3:16-17: *"Ved I ikke, at I er Guds tempel, og at Guds ånd bor i jer? Hvis nogen ødelægger Guds tempel, skal Gud ødelægge ham. For Guds tempel er helligt, og det tempel er I."*

Som der står i ovenstående tekststykke, må vi indse, at den uretfærdige, som begår synder og onde handlinger, ikke kan arve Guds rige. De mennesker, som gør kødets gerninger kan ikke blive frelst. Lad os holde os vågne for ikke at falde i fristelse ligesom dem, der siger, at vi vil blive frelst, hvis bare vi går i kirke.

Jeg bønfalder jer i Herrens navn om ikke at falde i fristelse, men omhyggeligt ransage Guds ord.

2) Ånden og åndelige ønsker

Mennesket består af ånd, sjæl og krop. Kroppen er forgængelig, den huser vores ånd og sjæl. Ånden og sjælen er uforgængelige enheder, som styrer sindets virkemåde og giver os liv.

Ånd kan inddeles i to kategorier: Ånd, der tilhører Gud, og ånd, som ikke tilhører Gud. Det er derfor, det står i Første Johannesbrev 4:1: "*Mine kære, tro ikke enhver ånd, men prøv om ånderne er af Gud, for der er gået mange falske profeter ud i verden.*"

Guds ånd hjælper os med at indse, at Jesus Kristus er kommet i kød, og fører os til at modtage de ting, som Gud giver os (Første Johannesbrev 4:2; Første Korintherbrev 2:12).

Jesus sagde i Johannesevangeliets 3:6: "*Det, der er født af kødet, er kød, og det, der er født af Ånden, er ånd.*" Hvis vi tager imod Jesus Kristus og får Helligånden, tager den bolig i vores hjerter, styrker os til at forstå Guds ord, hjælper os med at leve i overensstemmelse med sandheden og lader os blive åndelige mennesker. Når Helligånden kommer ind i vores hjerter, opliver han den døde ånd, og så siges det, at vi bliver genfødt i Ånden og bliver hellige gennem hjertets omskæring.

Vor Herre Jesus sagde i Johannesevangeliets 4:24: *"Gud er ånd, og de, som tilbeder ham, skal tilbede i ånd og sandhed."* Ånden tilhører verdens fjerde dimension, og Gud, der er ånd, ransager vores hjerter, og ved alt om os. I Johannesevangeliets 6:63 står det at: *"Det er Ånden, der gør levende, kødet gør ingen gavn. De ord, jeg har talt til jer, er ånd og liv."* Jesus forklarer os hermed, at Helligånden giver os liv, og at Guds ord er ånd.

Og i Johannesevangeliets 14:16-17 står der: *"Jeg vil bede til Faderen, og han vil give jer en anden talsmand, som skal være hos jer til evig tid: sandhedens ånd, som verden ikke kan tage imod, fordi den hverken ser eller kender den. I kender den, for den bliver hos jer og skal være i jer."* Hvis vi får Helligånden og bliver Guds børn, vil Ånden lede os til sandheden.

Helligånden tager bolig i os, når vi tager imod Herren, og den giver liv til ånden i os. Den fører os til sandheden og hjælper os med at indse alle uretfærdigheder, angre og omvende os fra de forkerte veje. Hvis vi gør noget i modstrid med sandheden, vil Helligånden klage, få os til at føle fortvivlelse og opmuntre os til at indse vores synder og opnå helliggørelse.

Helligånden kaldes desuden Guds Ånd (Første Korintherbrev 12:3) og Herrens Ånd (Apostlenes Gerninger 5:9; 8:39). Guds Ånd er den evige sandhed og den livgivende Ånd, som fører os til det evige liv.

Men den ånd, som ikke tilhører Gud, og som modsætter sig Guds Ånd, bekender ikke at Jesus kom til jorden i kød, og den kaldes "verdens ånd" (Første Korintherbrev 2:12), "Antikrists ånd" (Første Johannesbrev 4:3), "vildledende ånder" (Første Timotheusbrev 4:1) og "urene ånder" (Johannesåbenbaringen 16:13). Alle disse ånder kommer fra djævlen. De kommer ikke fra sandheden ånd. Disse usande ånder giver ikke liv, men fører i stedet folk mod ødelæggelsen.

Helligånden henviser til Guds perfekte Ånd, og når vi tager imod Jesus Kristus og bliver Guds børn, får vi Helligånden, som giver liv til ånden og retfærdigheden i os, og styrker os til at bære Helligåndens frugt, retfærdighed og lys. Efterhånden som vi efterligner Gud gennem Helligåndens gerning, vil vi blive ledt af den til at blive Guds børn og kalde Gud "Abba, Fader!" Vi får ånden og bliver dermed adopteret som arvinger (Romerbrevet 8:12-15).

Så i den grad, vi lader os lede af Helligånden, kan vi bære dens ni frugter, som er kærlighed, glæde, fred, tålmodighed, venlighed, godhed, trofasthed, mildhed og selvbeherskelse (Galaterbrevet 5:22-23). Vi vil også bære retfærdighedens frugt, og lysets frugt, som består af godhed, retfærdighed og sandhed, hvormed vi kan opnå frelse (Efeserbrevet 5:9).

2. Kødelige tanker leder til død, mens spirituelle tanker leder til liv og fred

Hvis man følger kødet, vil man optage sit sind med kødelige ting. Man vil leve i overensstemmelse med kødet og begå synder. Så ifølge Guds ord, som siger at "syndens løn er død", kan man umuligt undgå at bevæge sig mod døden. Det er derfor, Herren spørger os: *"Hvad nytter det, mine brødre, hvis et menneske siger, han har tro, men ikke har gerninger? Kan den tro måske frelse ham? [...] Sådan er det også med troen: i sig selv, uden gerninger, er den død"* (Jakobsbrevet 2:14, 17).

Hvis man har kødelige tanker, så vil det ikke alene forårsage, at man synder og får problemer her på denne jord, men man vil heller ikke være i stand til at arve himmeriget. Så man må huske på dette og slå kroppens gerninger ihjel, sådan at man kan opnå det evige liv (Romerbrevet 8:13).

Hvis man omvendt følger Ånden, vil man have åndelige tanker og gøre sit bedste for at leve i sandheden. Så hjælper Helligånden med at kæmpe mod den fjendtlige djævel og Satan, skille os af med usandheder og gå i sandheden, sådan at vi kan blive hellige.

Lad os forestille os, at nogen slår os uden grund. Vi vil måske blive vrede, men vi kan uddrive de kødelige tanker og i stedet følge de spirituelle ved at huske på Jesu Kristi korsfæstelse. Guds ord fortæller os, at hvis nogen slår os på den ene kind, skal vi vende den anden til, og at vi skal glæde os under alle omstændigheder. Hvis man gør det, kan man tilgive, udholde med tålmodighed, og tjene andre. Resultatet er, at man ikke fortvivles. Og dermed kan man få fred i hjertet. Indtil man bliver hellig, vil man sikkert have lyst til at irettesætte den, der har slået, fordi man stadig har ondskaben i sig. Men når man har skilt sig af med alle former for ondskab, vil man føle kærlighed overfor alle mennesker, selv om man ser deres fejl.

Når man har åndelige tanker, kan man søge de åndelige ting og gå med sandhedens ord. Så vil man opnå frelse og sandt liv, og tilværelsen vil blive fyldt med fred og velsignelser.

3. Kødelige tanker er fjendtlige overfor Gud

De kødelige tanker forhindrer os i at bede til Gud, mens de åndelige tilskynder os til at bede. Kødelige tanker skaber uvenskab og splid, mens åndelige tanker fører til kærlighed og fred. De kødelige tanker står derfor i modstrid med sandheden, og de er i bund og grund den fjendtlige djævels tanker og vilje. Så hvis vi til stadighed følger de kødelige tanker, vil der blive bygget en mur, som skiller os fra Gud, og den vil forhindre Guds vilje i at nå os.

Kødelige tanker bringer ikke nogen fred, men kun bekymringer, angst og problemer. De kødelige tanker er kort sagt fuldkommen meningsløse og gavner ikke på nogen måde.

Vor Fader Gud er almægtig og alvidende, og da han er himlens og jordens Skaber, hersker han over alle ting, også vores ånd og krop. Så hvad skulle det være umuligt for ham at give os? Hvis en far er overhoved for en stor forretningsgruppe, vil hans barn aldrig komme til at mangle penge, og hvis han er en dygtig læge, vil hans barn undgå mange helbredsproblemer.

Som Jesus sagde i Markusevangeliet 9:23: *"Hvis du kan! Alt er muligt for den, der tror."* De åndelige tanker bringer os tro og fred, mens de kødelige tanker afholder os fra at opnå Guds vilje og gerninger ved at give os bekymringer, fortvivlelse og problemer. Det er derfor Romerbrevet 8:7 fortæller om de kødelige tanker: *"For det, kødet vil, er fjendskab med Gud. Det underordner sig ikke Guds lov og kan det heller ikke."*

Vi er Guds børn, som tjener ham og kalder ham "Fader." Hvis man ikke glæder sig, men føler sig bekymret, mismodig og fortvivlet, så beviser det, at man følger de kødelige tanker og opildnes af den fjendtlige djævel og Satan, i stedet for at have åndelige tanker, som gives af Gud. Så må man straks angre, omvende sig fra dem, og søge de åndelige tanker. Vi kan kun overgive os til Gud og adlyde ham, når vi følger de åndelige tanker.

4. De mennesker, som er i kødet, kan ikke behage Gud

De, som har kødelige tanker, vil sætte sig op mod Gud. De underordner sig ikke Guds lov og kan det heller ikke. De er derfor ulydige og kan ikke behage ham, så de må gennemgå prøvelser og vanskeligheder.

Abraham, troens fader, søgte altid de åndelige tanker, så han adlød Guds befaling, selv da det drejede sig om at give sin eneste søn Isak som brændoffer. Omvendt ser vi, at kong Saul, som fulgte de kødelige tanker, blev forsaget af Gud. Jonas kom ud i en voldsom storm, og blev slugt af en stor fisk. Israelitterne måtte lide under det hårde liv i ørkenen i 40 år efter flugten fra Egypten.

Når man følger de åndelige tanker og udviser gerninger i tro, kan man få det, som hjertet ønsker, som det loves i Salmernes Bog 37:4-6: *"Find din glæde i Herren, så giver han sig, hvad dit hjerte ønsker. Overgiv din vej til Herren, stol på ham, så griber han ind; han lader din ret bryde frem som lyset og din retfærdighed som den klare dag."*

Enhver, som for alvor tror på Gud, må uddrive alle former for ulydighed, som kommer fra den fjendtlige djævel, og han må overholde Guds befalinger og gøre de ting, som behager ham. Så vil han blive et åndeligt menneske, som kan få hvad som helst, han beder om.

Det, kødet vil, er fjendskab med Gud • 25

5. Hvordan kan vi følge Åndens gerninger?

Jesus, som er Guds søn, kom til denne jord og blev et hvedekorn for alle syndere, idet han døde for os. Han banede vejen til frelse for alle, som tager imod ham, bliver Guds børn og bærer rigelig frugt. Jesus søgte kun de åndelige tanker og adlød Guds vilje. Han bragte de døde tilbage til livet, helbredte de syge og øgede Guds rige.

Så hvad skal vi gøre for at efterligne Jesus og behage Gud?

For det første skal vi leve med Helligåndens hjælp gennem bønner. Hvis vi ikke beder, vil vi komme under indflydelse af Satans gerning og leve i overensstemmelse med de kødelige tanker. Men når vi beder uden ophør, kan vi opleve Helligåndens gerning i vores liv; blive overbevist om, hvad der er retfærdigt; modsætte os synden, undslippe dommen; følge Helligåndens ønsker og blive retfærdige i Guds øjne. Selv Guds søn, Jesus, udførte Guds gerning gennem bønner. Det er Guds vilje, at vi skal bede uden ophør, så når vi gør det, kan vi følge de åndelige tanker og behage Gud.

For det andet må vi udføre åndelige gerninger, selv om vi måske ikke har lyst. Tro uden gerninger er kun tro som viden. Det er død tro. Når vi ved, hvad vi bør gøre, men ikke gør det, så er det en synd. Så hvis vi for alvor vil følge Guds vilje og behage ham, må vi udvise troens gerninger.

For det tredje må vi angre vores synder og få kraft fra oven, sådan at vi kan opnå den tro, som ledsages af gerninger. De kødelige tanker er fjendtlige overfor Gud, så de skuffer ham og skiller os fra ham ved at danne en mur af synd. Vi må angre dem og skille os af med dem. Anger er altid nødvendig for at kunne leve et godt kristent liv, og for at skille os af med synden, må vi sønderrive vores hjerter i anger.

Hvis man begår synder, som man ved, man ikke burde begå, vil hjertet blive uroligt. Når man angrer disse synder med tårefyldte bønner, vil bekymringen og fortvivlelsen forsvinde. Man vil føle sig fornyet, genforenes med Gud, genoprette freden og få det, som hjertet ønsker. Hvis man fortsætter med at bede for at skille sig af med alle former for ondskab, vil man angre sine synder ved at sønderrive sit hjerte. De syndefulde egenskaber vil blive brændt op af Helligåndens ild, og syndens mur vil blive ødelagt. Så vil man være i stand til at leve ved Helligåndens gerning og behage Gud som følge.

Hvis man føler, at hjertet er bebyrdet, efter at man har fået Helligånden gennem troen på Jesus Kristus, så skyldes det, at man har sat sig op mod Gud gennem sine kødelige tanker. Så må man ødelægge syndens mur med inderlige bønner, følge Helligåndens ønsker og udføre Åndens gerninger i overensstemmelse med de åndelige tanker. Resultatet vil være, at man vil få fred og glæde i hjertet. Ens bønner vil blive besvaret og man vil få det, som hjertet ønsker.

Som Jesus sagde i Markusevangeliet 9:23: *"Hvis du kan! Alt er muligt for den, der tror."* Må I hver især skille jer af med kødelige tanker, som er fjendtlige overfor Gud, og gå i troen i overensstemmelse med Helligånden gerning, sådan at I behager Gud, udfører hans uendelige gerning og øger hans rige. Det beder jeg om i vor Herren Jesu Kristi navn!

Kapitel 3

Nedbryd alle tanker og teorier

"Nok lever vi som andre mennesker,
men vi kæmper ikke som verdslige mennesker.
Vore kampvåben er ikke verdslige,
men mægtige for Gud til at bryde fæstningsværker ned.
Vi nedbryder tankebygninger og alt,
som trodsigt rejser sig mod kundskaben om Gud,
vi gør enhver tanke til en lydig fange hos Kristus,
og vi er rede til at straffe enhver ulydighed,
når lydigheden hos jer først har sejret."

2 Korintherbrev 10:3-6

Som jeg allerede har været inde på, kan troen opdeles i to kategorier: Åndelig tro og kødelig tro. Den kødelige tro kan også kaldes tro som viden. Når man begynder at lytte til Guds ord, vil man først have tro som viden. Dette er en kødelige tro. Men i den udstrækning, man forstår og praktiserer ordet, vil man få åndelig tro.

Hvis man forstår den spirituelle betydning af Guds sandheds ord og lægger troens fundament ved at praktisere det, vil Gud glæde sig og give åndelig tro. Og med denne åndelige tro, som kommer fra oven, vil man få svar på sine bønner og løsninger på sine problemer. Man vil også opleve at møde den levende Gud.

Gennem denne oplevelse vil tvivlen forsvinde, menneskelige tanker og teorier vil blive ødelagt, og man vil stå fast på troens klippe, hvor man ikke kan rystes af nogen form for trængsler eller vanskeligheder. Når man bliver et sandt menneske med et hjerte, der ligner Kristi, så betyder det at troens fundament for alvor er blevet lagt. Med dette fundament kan man få alt, man beder for i tro.

Som vor Herre Jesus sagde i Matthæusevangeliet 8:13: *"Det skal ske dig, som du troede."* Hvis man har opnået en fuldkommen åndelig tro, så er det en tro, hvorved man kan få hvad som helst, man beder om. Man kan leve et liv til Guds herlighed i hvad som helst, man gør. Man vil dvæle i Guds kærlighed og højborg, og blive til stor glæde for Gud.

Lad os nu se nærmere på nogle få ting vedrørende den

åndelige tro. Hvilke forhindringer er der for at opnå åndelig tro? Hvordan kan man opnå åndelig tro? Hvilke former for velsignelser fik troens fædre, som havde åndelig tro? Og til sidst vil vi se på, hvorfor de mennesker, som fylder deres sind med kødelige tanker, bliver forsaget.

1. Forhindringer for at opnå åndelig tro

Med den åndelige tro kan man kommunikere med Gud. Man kan høre Helligåndens stemme klart. Man kan få svar på sine bønner og forespørgsler. Man kan forherlige Gud, når man spiser eller drikker eller foretager sig andre ting. Og man vil leve sit liv med Guds nåde, anerkendelse og sikkerhed.

Så hvorfor har ikke alle mennesker åndelig tro? Lad os se på, hvad det er for nogle ting, som forhindrer os i at opnå åndelig tro.

1) Kødelige tanker

I Romerbrevet 8:6-7 står der: *"Det, kødet vil, er død, og det, Ånden vil, er liv og fred. For det, kødet vil, er fjendskab med Gud; det underordner sig ikke Guds lov og kan det heller ikke."*

Sindet kan inddeles i to: En del, som er kødelig af natur og en, som er spirituel. Det kødelige sind henviser til alle former for tanker, som er oplagret i kødet, og det består af alle former for usandheder. De kødelige tanker tilhører synden, fordi de ikke er i overensstemmelse med Guds vilje. De giver liv til døden, som der står i Romerbrevet 6:23: *"Syndens løn er død."* Det åndelige sind henviser omvendt til sande tanker, og det er i overensstemmelse med Guds vilje – retfærdighed og godhed. De spirituelle tanker fremelsker livet og bringer os fred.

Lad os forestille os, at vi kommer ud for en vanskelighed eller prøvelse, som ikke kan overvindes med menneskelig styrke og evne. De kødelige tanker giver os bekymringer og angst. Men de åndelige tanker fører os til at skille os af med bekymringer, være taknemmelige og glæde os gennem Guds ord, som siger: *"Vær altid glade, bed uophørligt, sig tak under alle forhold; for dette er Guds vilje med jer i Kristus Jesus"* (Første Thessalonikerbrev 5:16-18).

De åndelige tanker står i fuldkommen modstrid til de kødelige, så med kødelige tanker underlægger man sig ikke Guds lov og kan det heller ikke. Det er derfor, de kødelige tanker er fjendtlige overfor Gud og forhindrer os i at opnå åndelige tro.

2) Kødelige gerninger

Kødelige gerninger henviser til alle synder og ondskab, der udfolder sig som handlinger, og de defineres i Galaterbrevet 5:19-21: *"Kødets gerninger er velkendte: utugt, urenhed, udsvævelse, afgudsdyrkelse, trolddom, fjendskaber, kiv, misundelse, hidsighed, selviskhed, splid, kliker, nid, drukkenskab, svir og mere af samme slags. Jeg siger jer på*

forhånd, som jeg før har sagt, at de, der giver sig af med den slags, ikke skal arve Guds rige."
Hvis man ikke skiller sig af med kødets gerninger, kan man hverken opnå åndelig tro eller arve Guds rige. Det er derfor, kødets gerninger afholder os fra at opnå åndelig tro.

3) Alle former for teorier

Ifølge ordbogen er en "teori" en doktrin eller en synsmåde udviklet til at beskrive et område af virkeligheden. Der er tale om en hypotese eller nogle generelle eller abstrakte principper, som benyttes i videnskab. En teori er en del af den viden, som påstår at noget altid kommer af noget, men denne tænkning hjælper os ikke med at opnå åndelig tro. Den vil nærmere hindre os i at blive åndelige mennesker.

Lad os overveje de to skabelsesteorier. Den ene er Skabelsen og den anden er Darwins udviklingsteori. De fleste mennesker lærer i skolen, at mennesket er en videreudvikling af aberne. Bibelen fortæller os det direkte modsatte, nemlig at Gud har skabt mennesket. Hvis man tror på den almægtige Gud, må man vælge at følge den tro, at Skabelsen er sket ved Gud, selv om man har lært om udviklingsteorien i skolen.

Det er først, når man omvender sig fra udviklingsteorien, som man har lært i skolen, og begynder at tro på Guds skabelse, at man kan opnå åndelig tro. Ellers vil de verdslige teorier forhindrer os i at opnå åndelig tro, for det er umuligt at tro at noget er opstået af intet med udviklingsteorien. På trods af den videnskabelige udvikling er det stadig ikke muligt for mennesket at danne livets sæd, spermen og ægget. Så hvordan vil det være muligt at tro, at noget er opstået ud af intet, hvis ikke det er på baggrund af den åndelige tro?

Vi må tilbagevise disse argumenter og teorier, og alle de tankebygninger, som rejser sig mod den sande viden om Gud, og gøre enhver tanke til en lydig fange hos Kristus.

2. Saul fulgte de kødelige tanker og var ulydig

Saul var den første konge i Israel, men han levede ikke i overensstemmelse med Guds vilje. Han indtog tronen på folkets opfordring. Gud befalede ham at slå amalekitterne og at ødelægge dem fuldkommen, dræbe både mænd og kvinder, børn og spæde, okser og får, kameler og æsler uden at skåne nogen. Og kong Saul slog amalekitterne og vandt et stort slag. Men han adlød ikke Guds befaling, og sparede i stedet de bedste får og okser.

Saul handlede i overensstemmelse med sine kødelige tanker, og han skånede Agag og de bedste får og okser, fedekvæg og lam, kort sagt alt det bedste for at ofre det til Gud. Han var ikke villig til at ødelægge dem fuldkommen. Men dette var ulydighed og arrogance i Guds øjne. Gud irettesatte ham for hans ulydighed gennem profeten Samuel, sådan at han kunne angre og omvende sig. Men kong Saul undskyldte sig og insisterede på sin retfærdighed (Første Samuelsbog 15:2-21).

I dag er der mange troende, som handler ligesom Saul. De indser ikke deres åbenlyse ulydighed, og de anerkender den heller ikke, når de bliver irettesat. I stedet undskylder de sig og insisterer på deres egne metoder, som er kødelige, ligesom Saul. Men da 100 personer har 100 forskellige meninger, kan de ikke forenes, hvis de hver især handler ud fra deres egne tanker, og så vil de være ulydige. Det er først, når de handler i overensstemmelse med Guds sandhed, at de vil være i stand til at adlyde og forene sig.

Gud sendte profeten Samuel til Saul. Saul havde været ulydig mod hans ord, og profeten sagde ham derfor: *"Men genstridighed er en spådomssynd, trods som afgudsdyrkelse. Fordi du har forkastet Herrens ord, har han forkastet dig som konge"* (Første Samuelsbog 15:23).

Hvis nogen sætter deres lid til menneskelig tænkning og ikke følger Guds vilje, så er det ulydighed overfor Gud, og hvis de ikke indser deres ulydighed og omvender sig fra den, har de ikke andre muligheder end at blive forsaget af Gud ligesom Saul.

I Første Samuelsbog 15:22 irettesætter Samuels kong Saul med følgende ord: *"Vil Herren hellere have brændofre og slagtofre end lydighed mod Herren? Nej, at adlyde er bedre end offer, at lytte er bedre end vædderens fedt."* Uanset hvor meget, vi selv synes, vi har ret, så må vi angre og omvende os med det samme, hvis vores tanker rejser sig mod Guds ord. Og vi må gøre vores tanker til lydige fanger, som følger Guds vilje.

3. Trosfædre som adlød Guds ord

David var Israels anden konge. Lige fra han var ung, tilsidesatte han sine egne tanker, og gik i troen på Gud. Han frygtede hverken bjørne eller løver, når han vogtede sin flok, og til tider kæmpede han mod de vilde dyr og overvandt dem ved troen for at beskytte flokken. Senere kæmpede han også mod Goliat, filistrenes største soldat, og overvandt ham ved troen.

Det skete dog for David, at han en enkelt gang var ulydig overfor Guds ord, efter at han var blevet indsat på tronen. Da han blev irettesat for det af en profet, forsøgte han ikke at undskylde sig, men angrede straks og omvendte sig, og til sidst blev han endnu mere hellig. Så der var stor forskel mellem Saul, som havde kødelige tanker, og David, som var et åndeligt menneske (Første Samuelsbog 12:13).

Mens Moses vogtede sin flok i ørkenen i 40 år, ødelagde han alle former for tanker og teorier, og han blev ydmyg overfor Gud i den grad, at han kunne blive kaldet af Gud til at føre israelitterne ud af trældommen i Egypten.

I overensstemmelse med den menneskelige tænkning kaldte Abraham sin kone for "søster." Men efter at han blev et åndeligt menneske gennem prøvelser, kunne han dog adlyde Guds befalinger, selv da han fik besked på at give sin enbårne søn Isak som brændoffer. Hvis han havde sat sin lid til kødelige tanker, ville det ikke have været muligt for ham at adlyde denne befaling. Isak var hans eneste søn, og han havde fået ham sent i livet. Desuden var han grundlaget for det løfte, Gud havde givet Abraham. Så med menneskelig tænkning ville det blive anset for at være forkert og umuligt at skære Isak i stykker som et dyr og give ham som brændoffer. Abraham beklagede sig dog ikke, men satte i stedet sin lid til Gud, som kan genoprejse de døde, og han adlød (Hebræerbrevet 11:19).

Na'aman, som var aramæerkongens hærfører, nød stor respekt og var meget anset af kongen, men han blev spedalsk. Så tog han af sted til profeten Elisa for at blive helbredt for sin sygdom. Selv om han havde medbragt mange gaver for at opleve Guds gerning, lukkede Elisa ham ikke ind i huset, men sendte i stedet en tjener ud for at sige til ham: *"Gå hen og bad dig syv gange i Jordan, så bliver din krop rask, og du bliver ren"* (Anden Kongebog 5:10). Med sine kødelige tanker anså Na'aman dette for meget uhøfligt, og han blev vred.

Men han nedbrød sine kødelige tanker og adlød profeten befaling på sine tjeneres opfordring. Han dyppede sig syv gange i Jordan, hans krop blev rask og han blev ren.

Vandet symboliserer Guds ord, og tallet 7 står for fuldkommenhed, så det at dyppe sig syv gange i Jordanfloden betyder at blive fuldkommen helliggjort ved Guds ord. Når man bliver hellig, kan man få løsninger på alle former for problemer. Så da Na'aman adlød Guds ord, som det blev profeteret af Elisa, fandt Guds forunderlige gerning sted for ham (Anden Kongebog

5:1-14).

4. Man kan adlyde, når man skiller sig af med menneskelige tanker og teorier

Jakob var snedig og havde alle former for tanker, så han forsøgte at få sin vilje ved hjælp af forskellige lumske planer. Resultatet var, at han måtte lide under vanskeligheder i 20 år. Til sidst kom han ud for problemer ved Jabbok. Han kunne ikke vende tilbage til sin onkels hus på grund af den pagt, han havde lavet med onkelen. Han kunne heller ikke fortsætte fremad mod sin ældre bror Esau, som ventede på den anden siden af floden for at slå han ihjel. I denne desperate situation blev hans selvretfærdighed og alle hans kødelige tanker fuldkommen ødelagt. Gud bevægede Esaus hjerte og lod ham genforene sig med sin bror. På denne måde åbnede Gud vejen til livet for Jakob, sådan at han kunne fuldføre Guds forsyn (Første Mosebog 33:1-4).

Gud siger i Romerbrevet 8:5-7: *"De kødelige vil det kødelige, og de åndelige vil det åndelige. Det, kødet vil, er død, og det, Ånden vil, er liv og fred. For det, kødet vil, er fjendskab med Gud; det underordner sig ikke Guds lov og kan det heller ikke."* Derfor må vi ødelægge enhver holdning, enhver teori og enhver tanke, som rejser sig mod viden om Gud. Vi må gøre enhver tanke til en lydig fange hos Kristus, sådan at vi kan få åndelig tro og udvise lydige gerninger.

Jesus gav et nyt bud i Matthæusevangeliet 5:39-42, da han sagde: *"Men jeg siger jer, at I må ikke sætte jer til modværge mod den, der vil jer noget ondt. Men slår nogen dig på din højre kind, så vend også den anden til. Og vil nogen ved rettens hjælp tage din kjortel, så lad ham også få kappen. Og vil nogen tvinge dig til at følge han én mil, så gå to mil med ham. Giv den, der beder dig; og vend ikke ryggen til den, der vil låne af dig."* Med menneskelig tænkning er det ikke muligt at følge disse bud. Men hvis vi nedbryder de menneskelige og kødelige tanker, kan vi adlyde med glæde, og Gud vil få alt til at gå på bedste vis for os på grund af vores lydighed.

Uanset hvor mange gange man bekender sin lydighed med munden, så kan man hverken adlyde eller opleve Guds gerning, eller lade sig føre til velstand og fremgang, hvis ikke man nedbryder sine egne tanker og teorier fuldkommen.

Jeg tilskynder læserne til at huske på Guds ord, som det står i Esajas' Bog 55:8-9: *"For jeres planer er ikke mine planer, og jeres veje er ikke mine veje, siger Herren; for så højt som himlen er over jorden, er mine veje højt over jeres veje og mine planer over jeres planer."*

Vi må undgå at have kødelige tanker og menneskelige teorier, og i stedet have åndelig tro, ligesom den officer, som Jesus roste på grund af hans fuldkomne tillid til Gud. Da officeren kom og bad Jesus om at helbrede hans tjener, som var blevet lam efter et hjerteanfald, gav han udtryk for sin tro på, at tjeneren ville blive helbredt, hvis bare Jesus sagde et enkelt ord. Og det gik ham, som han havde troet. På samme måde kan vi få svar på alle vores bønner og prise Gud fuldt ud, hvis vi har denne åndelige tro.

Guds sandheds ord forandrer menneskehedens ånd og gør mennesket i stand til at have tro, som er ledsaget af gerninger. Man kan få Guds svar, når man har denne levende og åndelige tro. Må I hver især nedbryde alle kødelige tanker og menneskelige teorier, sådan at I kan opnå en åndelig tro, hvorved I kan få hvad som helst, I beder om i troen og prise Gud.

Kapitel 4

Vi skal så troens sæd

"Den, den undervises i ordet,
skal dele alt godt med den, der underviser.
Far ikke vild! Gud lader sig ikke spotte.
Hvad et menneske sår, skal det også høste:
Den, der sår i kødet, skal høste fordærv af sit kød,
og den, der sår i Ånden, skal høste evigt liv af Ånden.
Lad os ikke blive trætte af at gøre det, som er ret;
vi skal til sin tid høste, blot vi ikke giver op.
Så lad os da gøre godt mod alle,
så længe der er tid, især mod vores trosfæller."

Galaterbrevet 6:6-10

Jesus fortæller os i Markusevangeliet 9:23: *"Hvis du kan? Alt er muligt for den, der tror."* Så da der kom en officer til ham og udviste stor tro, sagde Jesus: *"Det skal ske dig, som du troede"* (Matthæusevangeliet 8:13), og officerens tjener blev helbredt i samme øjeblik.

Dette er den åndelige tro, som lader os tro på det, der ikke kan ses. Det er også den tro, der ledsages af gerninger, som gør os i stand til at åbenbare vores tro med handlinger. Det er den tro, der får os til at stole på, at noget kan opstå ud af intet. Derfor defineres troen på følgende måde i Hebræerbrevet 11:1-3: *"Tro er fast tillid til det, der håbes på, overbevisning om det, der ikke kan ses. Den er jo bevidnet om de gamle. I tro fatter vi, at verden blev skabt af Guds ord, så det, vi ser, ikke er blevet til af noget synligt."*

Hvis vi har åndelig tro, vil Gud glæde sig over den og lade os få hvad som helst, vi beder om. Så hvad skal vi gøre for at opnå åndelig tro?

Ligesom bonden sår sin sæd i foråret og høster afgrøderne om efteråret, må vi så troens sæd for at opnå frugt i form af åndelige tro.

Lad os nu se nærmere på, hvordan man kan så troens sæd, ved at sammenligne med, hvordan bonden sår og høster sin mark. Jesus talte til folkemængden med lignelser, og han talte intet til dem undtagen i lignelser (Matthæusevangeliet 13:34). Det skyldes, at Gud er ånd, og vi, som lever i denne fysiske verden som mennesker, kan ikke forstå Guds spirituelle rige. Kun når vi bliver belært om det spirituelle rige med lignelser fra kan fysiske verden, kan vi forstå Guds sande vilje. Derfor vil jeg nu forklare, hvordan man sår troens sæd og opnår åndelig tro, ved hjælp af lignelser om markarbejde.

1. At plante troens sæd

1) For det første må man rydde marken

Det vigtigste for bonden er at have en mark til at så sæden. For at forberede marken må bonden benytte en passende gødning, vende jorden, tage sten op og knuse de store jordklumper. Kultiveringsprocessen indeholder derfor pløjning, harvning og dyrkning af jorden. Først da vil sæden vokse godt på marken og producere en rigelig høst.

I Bibelen fortæller Jesus os om fire former for marker. Marken henviser til menneskets hjerte. Den første kategori er markvejen, hvor den sæd, der falder, ikke kan skyde, fordi jorden er for hård. Anden kategori er klippegrunden, hvor den sæd, der falder, skyder op, men ikke vokser godt på grund af stenene i jorden. Den tredje er jorden mellem tidslerne, hvor sæden spirer og vokser godt, men kvæles af de tidsler, der står omkring den. Den fjerde og sidste er den gode jord, hvor sæden spirer, vokser godt, bærer blomst og får mange gode frugter.

På samme måde kan den "jord", der er i menneskets hjerte, kategoriseres i fire typer: Den første er den hårde markvej, som findes hos de mennesker, der ikke forstår Guds ord. Den anden er klippegrunden, som findes hos de mennesker, der tager imod Guds ord, men falder fra, når der kommer trængsler og prøvelser. Den tredje er jorden mellem tidslerne, hvor Guds ord kvæles af verdslige bekymringer og bedragerisk velstand. Disse mennesker kan derfor ikke bære frugt. Den fjerde og sidste er den gode hjerte-jord, som man finder hos de mennesker, der forstår Guds ord og bærer rigelige frugter. Men uanset hvilken form for mark, man har i sit hjerte, kan man ved hjælp af sit arbejde gøre den til god jord ved at kultivere og lue den, ligesom bonden arbejder i sit ansigt sved. Hvis jorden er hård, må man vende den og gøre den blød; hvis den er stenet, må man tage de store sten op; hvis den er fuld af tidsler, må man lue dem ud, og så må man forberede jorden ved at bruge en passende "gødning."

Hvis bonden er doven, vil han ikke lue marken og gøre den til god jord, men den flittige bonde vil gøre, hvad han kan, for at få det bedst mulige ud af jorden. Og den gode jord vil bære de bedste afgrøder.

Hvis man har tro, vil man gøre sit bedste for at forandre sit hjerte til god jord, selv om det koster møje og besvær. Og hvis man vil forstå Guds ord, gøre sit hjerte til god jord og bære rigelig frugt, må man skille sig af med sine synder ved at kæmpe mod dem, til blodet flyder. Når man flittigt skiller sig af med synder og ondskab i overensstemmelse med Guds ord, kan man fjerne hver en sten fra hjertets jord, lue ud og gøre jorden til en god mark.

Bonden er flittig med sit møje og arbejde, fordi han tror på, at han vil høste rigelige afgrøder, hvis han pløjer, harver og dyrker jorden for at gøre den til en god mark. Jeg håber, at læserne på samme måde vil tro, at hvis vi kultiverer hjertets jord og gør det til en god mark, vil vi dvæle i Guds kærlighed, lade os lede til succes og velstand, og få en god bolig i himlen. Men vi må kæmpe mod synderne til blodet flyder. Så vil den åndelige sæd blive plantet i hjertet, og vi vil bære så mange frugter, som vi overhovedet kan.

2) Sæden er nødvendig

Efter man har ryddet marken, må man så sæden og hjælpe den med at skyde. En bonde sår forskellige former for sæd og høster forskellige afgrøder såsom kål, salat, græskar, grønne bønner, røde bønner og lignende.

På samme måde må vi så forskellige former for sæd i vores hjertes mark. Guds ord fortæller os, at vi altid skal glæde os, bede uden ophør, være taknemmelige under alle forhold, give tiende, holde Herrens dag hellig og elske vores næste. Når disse ord fra Gud er blevet plantet i vores hjerte, vil de spire, skyde op og frembringe åndelige frugter. Og vi vil være i stand til at leve efter Guds ord og have åndelig tro.

3) Der er brug for vand og sollys

Det er ikke nok at bonden rydder marken og forbereder sæden, for at han kan få en god høst. Der er også brug for vand og sollys. Kun med disse ting vil sæden være i stand til at spire og vokse godt.

Hvad repræsenterer vandet?

Jesus siger i Johannesevangeliet 4:14: *"Den, der drikker af det vand, jeg vil give ham, skal aldrig i evighed tørste. Det vand, jeg vil give ham, skal i ham blive en kilde, som vælder med vand til evig tid."* Vand henviser i spirituel betydning til "en kilde, som vælder med vand til evigt liv", dvs. det evige vand er Guds ord, som der står i Johannesevangeliet 6:63: *"De ord, jeg har talt til jer, er ånd og liv."* Derfor sagde Jesus i Johannesevangeliet 6:53-55: *"Sandelig, sandelig siger jeg jer: Hvis ikke I spiser Menneskesønnens kød og drikker hans blod, har I ikke liv i jer. Den, der spiser mit kød og drikker mit blod, har evigt liv, og jeg skal oprejse ham på den yderste dag. For mit kød er sand mad, og mit blod er sand drik."* Det følger af dette, at det først er, når man flittigt læser, lytter til og mediterer over Guds ord samt beder over det, at man vil være i stand til at gå på vejen til det evige liv og opnå åndelig tro.

Og hvad menes der så med sollys?

Sollyset hjælper sæden med at spire ordentligt og vokse godt. På samme måde vil Guds ord være det lys, der uddriver mørket, når først det er kommet ind i hjertet. Det renser hjertet og gør dets mark til god jord. Så man kan opnå åndelig tro i den udstrækning, sandhedens lys fylder ens hjerte.

Gennem denne lignelse om landbrug har vi lært, at vi skal rydde hjertets mark, forberede en god sæd, og sørge for både vand og sollys til troens frø, når de er blevet sået. Lad os nu kigge på, hvordan man sår troens sæd, og hvordan man dyrker dem.

2. Hvordan man sår og dyrker troens sæd

1) For det første må man så troens sæd i overensstemmelse med Guds veje

En bonde sår sin sæd på forskellige måder alt efter hvilken slags, der er tale om. Han planter nogle typer sæd dybt i jorden, mens andre sås helt overfladisk. På samme måde må man så troens sæd på forskellige måder med Guds ord. Når man for eksempel sår bønner, må man kalde regelmæssigt på Gud med et oprigtigt hjerte, mens man knæler, sådan som det bliver forklaret gennem Guds ord. Først da vil man være i stand til at få Guds svar (Lukasevangeliet 22:39-46).

2) For det andet må man så med tro

Ligesom bonden er flittig og arbejdsom, når han sår sæden, fordi han tror og håber, at han vil få en god høst, må vi også så troens sæd – Guds ord – med glæde og håb om, at Gud vil lade os høste rigeligt. Han opmuntrer os i Andet Korintherbrev 9:6-

7 med følgende ord: *"For husk, at den, der sår sparsomt, skal også høste sparsomt, og den, der sår rigeligt, skal også høste rigeligt. Men enhver skal give, som han har hjerte til – ikke vrangvilligt eller under pres, for Gud elsker en glad giver."*

Det er loven i denne verden og i det spirituelle rige, at vi skal høste, som vi sår. Så i den udstrækning vores tro vokser, vil vores hjertes jord blive bedre. Og jo mere man sår, jo mere vil man høste. Så uanset hvilken form for sæd, vi sår, må vi gøre det med tro, taknemmelighed og glæde, sådan at vi kan få rigelige afgrøder.

3) For det tredje må man passe godt på den spirede sæd
Efter bonden har forberedt jorden og sået sæden, må han vande planterne, beskytte dem mod orm og insekter, fortsætte med at gøde jorden og lue ukrudtet ud. Ellers kan spirerne visne eller vokse dårligt. Når Guds ord er blevet plantet, må det også kultiveres for at holde den fjendtlige djævel og Satan på afstand. Man må kultiverer det med inderlig bøn, holde fast på det med glæde og taknemmelighed, deltage i gudstjenester, dele det kristne fællesskab, læse og lytte til Guds ord, og tjene Gud. Så vil den sæd, der er blevet sået, blomstre og bære frugt.

3. Planterne blomstrer og bærer frugt

Hvis ikke bonden passer på sæden, efter at han har sået

den, vil den blive spist af orm, kvalt af ukrudt og forhindret i at vokse og bære frugt. Bonden bør ikke blive træt af sit arbejde, men dyrke planterne med tålmodighed, indtil han får en god og rigelig høst. Når tiden en inde, vil sæden vokse, blomstre og til sidst bære frugt ved hjælp at bier og sommerfugle. Og når frugten er moden, kan bonden endelig glæde sig over den gode høst. Hvor vil han glæde sig, når alt hans arbejde og tålmodighed er blevet god og værdifuld frugt, som høstes i tredive-, tres- og hundredfold!

1) Først blomstrer de åndelige blomster

Hvad betyder det at troens sæd vokser frem og sætter åndelige blomster? Når planter blomstrer, udsender de duft, og denne duft tiltrækker bier og sommerfugle. Når vi har sået sæden af Guds ord i vores hjerte og passet den, kan vi på samme måde sætte åndelige blomster og udbrede Kristi aroma i den udstrækning, vi lever overensstemmelse med ordet. Desuden vil vi være verdens lys og salt, sådan at mange mennesker vil se vores gode gerning og prise vores himmelske Fader (Matthæusevangeliet 5:16).

Hvis vi udsender Kristi aroma, vil den fjendtlige djævel blive drevet bort, og vi vil være i stand til prise Gud i vores hjem, forretninger og arbejdspladser. Uanset om vi spiser eller drikker, eller hvad vi end gør, vil vi prise Gud. Som resultat vil vi bære forkyndelsens frugter, opnå Guds rige og retfærdighed, og forandre os til åndelige mennesker ved at rydde vores hjertes mark og gøre den til god jord.

2) Derefter sættes der frugter, som modner

Efter at planterne blomstrer, sættes der frugter, og når de bliver modne, kan bonden høste dem. Hvis vi henfører dette til vores tro, hvilke former for frugter kan vi så bære? Der kan være tale om forskellige former for frugter, inklusiv Helligåndens ni frugter, som beskrives i Galaterbrevet 5:22-23, frugterne af Saligprisningerne i Matthæusevangeliet 5, og frugten af åndelig kærlighed, som er nedfældet i Første Korintherbrev 13.

Ved at læse Bibelen og lytte til Guds ord kan vi undersøge, om vi har sat blomster, båret frugt, og om frugterne er blevet modne. Når de er modne, kan vi høste dem til enhver tid og nyde dem, når der er brug for det. I Salmernes Bog 37:4 står der: *"Find din glæde i Herren, så giver han dig, hvad dit hjerte ønsker."*

Det er på mange måder det samme som at sætte flere milliarder dollars ind på en bankkonto og være i stand til at bruge dem, som man har lyst.

3) Endelig vil man høste, som man har sået

Når tiden er inde, vil bonden høste alt det, han har sået, og dette gentaget sig hvert år. Høstens mængde afhænger af, hvor meget han har sået, og hvor flittigt og trofast han har passet sæden.

Hvis man har sået i bøn, vil sjælen trives, og hvis man har sået i loyal tjeneste, vil man få godt helbred i både krop og ånd. Hvis man har sået flittigt rent økonomisk, vil man få økonomiske velsignelser og kunne hjælpe de fattige gennem velgørenhed lige så meget, man har lyst til. Gud lover os i Galaterbrevet 6:7: *"Far ikke vild! Gud lader sig ikke spotte. Hvad et menneske sår, skal det også høste."*

Dette løfte fra Gud bekræftes i mange andre dele af Bibelen, hvor der står, at et menneske høster, som det sår. I Første Kongebog kapitel 17 er der en historie om en enke, som lever i Sarepta. Da der ikke kom nogen regn i landet og kilden var tørret ud, var hun og hendes søn tæt på at sulte. Men hun brugte en håndfuld mel fra en krukke og en smule olie fra en kande som sin sæd overfor Elias, der var et gudeligt menneske. På daværende tidspunkt var mad mere værdifuldt end guld, så det ville ikke have været muligt for hende at gøre det uden tro. Hun satte sin lid til Guds ord, som var blevet profeteret for hende gennem Elias, og hun såede med tro. Gud gav hende den forunderlige velsignelse til gengæld for hendes tro, at både hun, hendes søn og Elias havde mad nok indtil hungersnøden endelig blev afsluttet (Første Kongebog 17:8-16).

I Markusevangeliet 12:41-44 læser vi om en fattig enke, som lagde to små kobbermønter af et par øres værdi i tempelblokken. Hun fik en stor velsignelse, da Jesus roste hende for det, hun havde gjort!

Gud har dannet loven i det spirituelle rige, og han fortæller os, at vi vil høste, som vi har sået. Men jeg tilskynder alle til at huske, at det er at spotte Gud, hvis man vil høste uden at have sået. Vi må have tillid til, at Gud vil lade os høste tredive, tres eller hundred gange mere end det, vi har sået.

Gennem lignelsen om bonden har vi nu set nærmere på, hvordan vi skal så troens sæd, og hvordan vi skal passe den for at opnå åndelig tro. Nu ønsker jer for alle, at I vil passe jeres hjertes mark og gøre den til god jord. I må så troens sæd og passe den. Når vi har sået og passet marken med tro, håb og tålmodighed, kan vi høste tredive-, tres- eller hundredfold. Og med denne modne frugt vil vi prise og ære Gud.

Må I hver især tro på hvert et ord, som står i Bibelen, og så troens sæd i overensstemmelse med Guds ord, sådan at I kan bære rigelig frugt, prise Gud og nyde alle former for velsignelser!

Kapitel 5

"Hvis du kan! Alt er muligt!"

Jesus spurgte hans far:
"Hvor længe har han haft det sådan?"
Han svarede: "Fra han var barn.
Og den har mange gange kastet ham både
i ild og i vand for at gøre det af med ham.
Men hvis du kan gøre noget,
så forbarm dig over os og hjælp os." Jesus sagde til ham:
"Hvis du kan! Alt er muligt for den, der tror."
Straks råbte drengens far. "Jeg tror, hjælp min vantro!"
Da Jesus så, at en skare stimlede sammen,
truede han ad den urene ånd og sagde til den:
"Du stumme og døve ånd, jeg befaler dig:
Far ud af ham, og far aldrig mere ind i ham!"
Da skreg den og rev og sled i ham og fór ud;
og han blev som død, så alle sagde: "Han er død."
Men Jesus tog hans hånd og fik ham til at rejse sig op.

Markusevangeliet 9:21-27

"Hvis du kan! Alt er muligt!" • 59

Mennesket får gennem livet en lang række forskellige indtryk, såsom glæder, sorger og smerter, og det gemmer alle disse oplevelser i sig. Mange får alvorlige problemer, som ikke kan løses hverken ved hjælp af tårer, udholdenhed eller hjælp fra andre mennesker.

Der er f.eks. sygdomme, som ikke kan behandles med moderne medicin; mentale problemer i forbindelse med stress, som ikke kan løses ved hjælp af hverken filosofi eller psykologi; problemer i hjemmet eller med børnene, som ikke kan løses, selv med den største velstand; problemer med forretning og økonomi, som ikke kan genoprettes til trods for mange forsøg og store anstrengelser. Og opremsningen kunne fortsætte. Hvem kan løse alle disse problemer?

I Markusevangeliet 9:21-27 ser vi en samtale mellem Jesus og faren til en barn, som var blevet besat af en ond ånd. Barnet led alvorligt af både døvstumhed og epileptiske anfald. Han var ofte blevet kastet ind i både vand og ild på grund af dæmonbesættelsen. Når som helst dæmonen greb ham, kastede den ham til jorden, og han fik fråde om munden, skar tænder og blev helt stiv.

Lad os nu se på, hvordan faren fik løst dette problem af Jesus.

1. Jesus irettesatte faren for hans manglende tro

Drengen havde været døvstum siden fødslen, så han kunne ikke høre noget, og han havde alvorlige problemer med at gøre sig forståelig for andre. Han blev ofte plaget af epilepsi og fik mange krampeanfald. Derfor måtte faren leve med stor smerte og angst, og han havde ikke noget håb.

Men faren hørte om Jesus, som havde bragt de døde tilbage til livet, helbredt alle former for sygdomme, åbnet de blindes øjne og udført en lang række andre mirakler. Dette plantede et nyt håb i farens hjerte. Han tænkte: "Hvis han har så stor kraft, som jeg har hørt, vil han måske også være i stand til at helbrede min søn for sin sygdom." Han tænkte, at det måske ville kunne lade sig gøre, at sønnen blev helbredt. Med denne indstilling bragte han sønnen hen til Jesus og bad om hjælp med ordene: "Hvis du kan gøre noget, så forbarm dig over os og hjælp os!"

Da Jesus hørte dette, irettesatte han faren for hans vantro: "Hvis du kan! Alt er muligt for den, der tror!" Faren havde hørt om Jesus og var kommet til ham, men troede dog ikke på ham af hjertets grund.

Hvis faren havde troet at Jesus var søn af den Almægtige Gud, som kan gøre alt, og er Sandheden selv, ville han aldrig have sagt til ham: "Hvis du kan gøre noget..."

Uden tro er det umuligt at behage Gud, og uden åndelig tro er det umuligt at få svar. Jesus ville have faren til at indse dette, så han sagde til ham: "Hvis du kan!", og irettesatte ham dermed for hans manglende tro.

2. Hvordan man opnår fuldkommen tro

Når man tror på det, der ikke kan ses, kan troen godkendes af Gud, og denne tro kaldes for "åndelig tro", "sand tro", "levende tro" eller "tro ledsaget af gerninger." Men denne tro har man tillid til, at noget kan opstå ud af intet. Det skyldes, at troen er fast sikkerhed om det, der håbes på, og overbevisning om det, der ikke kan ses (Hebræerbrevet 11:1-3).

Man må af hjertet tro på korsets vej, genopstandelsen, Herrens genkomst, Guds skabelse og mirakler. Først da kan man siges at have fuldkommen tro. Når man bekender denne tro med munden, er det sand tro.

Der er tre betingelser for at opnå fuldkommen tro.

Før det første må den barriere af synd, der skiller os fra Gud, ødelægges. Hvis man har en barriere af synd, må man ødelægge den ved at angre synderne. Desuden må man kæmpe mod synderne til blodet flyder, og undgå enhver form for ondskab, for ikke at begå nogen former for synd. Hvis man hader synden i den grad, at man føler sig fortvivlet bare ved tanken om synd, og bliver nervøs og urolig, når man ser en synd, hvordan skulle man så kunne vove at synde? I stedet for at leve et liv i synd, kan man kommunikere med Gud og opnå fuldkommen tro.

For det andet må man følge Guds vilje. For at gøre Guds vilje må man først og fremmest have en klar opfattelse af, hvad Guds vilje er. Og så må man undlade at gøre det, der ikke er Guds vilje, uanset hvad man rent personligt måtte ønske. Omvendt skal man så også sørge for at gøre det, der er Guds vilje, selv om man måske ikke har lyst til det. Når man følger hans vilje af hele sit hjerte med oprigtighed, styrke og visdom, vil han give den fuldkomne tro.

For det tredje må man behage Gud med sin kærlighed til ham. Hvis man gør alting til Guds ære, uanset om man spiser eller drikker, eller hvad man end gør, og hvis man behager Gud ved at ofre sig, så vil man aldrig undlade at have sand tro. Det er en tro, som gør det umulige muligt. Med denne fuldkomne tro vil man ikke kun tro på det, som kan ses, og som er muligt at gøre med egen kraft, men også det, som ikke kan ses, og som er umuligt at gøre med menneskelige færdigheder. Når man bekender denne fuldkomne tro, vil alt det, som er umuligt, blive muligt.

Guds ord siger: "Hvis du kan! Alt er muligt for den, der tror." Med fuldkommen tro vil dette ord komme over os, og vi kan prise ham med hvad som helst, vi gør.

3. Intet er umuligt for den, der tror

Når man får den fuldkomne tro, er der ikke noget, der er umuligt, og man kan få løsninger på enhver form for problemer. På hvilke områder kan man opleve kraften fra Gud, som gør det umulige muligt? Lad os kigge på tre forskellige aspekter.

Det første af de tre områder er problemet med sygdom

Lad os antage, at en person er blevet syg af en bakterie- eller virusinfektion. Hvis vedkommende udviser tro og er fyldt med Helligånden, vil dens ild brænde sygdommen, og personen vil blive helbredt. Mere detaljeret må man angre sine synder og omvende sig fra dem, og så kan man blive helbredt gennem bøn. Hvis man er ny i troen, må man åbne hjertet og lytte til Guds ord, indtil man er i stand til at udvise sin tro.

Hvis man bliver ramt af en alvorlig sygdom, som ikke kan kureres med medicinsk behandling, så må man bevise sin store tro. Det er først, når man grundigt angrer sine synder ved at sønderrive sit hjerte og klynge sig til Gud gennem tårefulde bønner, at man kan helbredes. Men de mennesker, som har svag tro, eller som netop er begyndt at gå i kirke, kan ikke blive helbredt, før de får åndelig tro. Den helbredende gerning vil så finde sted lidt efter lidt, i takt med at deres tro vokser.

Endelig er det sådan, at fysiske deformiteter, anomalier, lammelse, døvhed, mentale og fysiske handicaps og arvelige problemer ikke kan genoprettes uden Guds kraft. De mennesker, som lider under sådanne forhold, må vise deres oprigtighed overfor Gud og bevise deres tro ved at elske og behage ham, sådan at de kan blive anerkendt, og så vil den helbredende gerning komme over dem gennem Guds kraft.

Den helbredende gerning kan kun komme til dem, der viser deres tro som gerninger, ligesom den blinde tigger ved navn Bartimæus, der råbte på Jesus (Markusevangeliet 10:46-52), officeren der bekendte sin store tro (Matthæusevangeliet 8:6-13), og den lamme og hans fire venner, som beviste deres tro overfor Jesus (Markusevangeliet 2:3-12).

Det andet område er økonomiske problemer

Hvis man forsøger at løse økonomiske problemer med egen viden, fremgangsmåde og erfaring uden Guds hjælp, kan problemet kun løses i den udtrækning, ens evner og anstrengelser rækker til det. Men hvis man skiller sig af med sine synder, følger Guds vilje, og overlader problemet til Gud med tro på, at Gud vil føre os på rette vej, så vil sjælen trives, alt vil gå godt, og man vil få et godt helbred. Desuden vil man få Guds velsignelser, fordi man går med Helligånden.

Jakob havde fulgt de menneskelige metoder og tænkemåder hele sit liv, indtil han kæmpede mod Guds engel ved Jabbok. Englen rørte hans lårben, så det gik af led. Under denne kamp med englen underlagde Jakob sig Gud, og overlod alt til ham. Fra da af fik han den velsignelse, at Gud var med ham. På samme måde vil alt gå godt for os, hvis vi elsker Gud, behager ham, og overlader alt i hans hænder.

Det tredje område drejer sig om at opnå åndelig styrke
Vi ser i Første Korintherbrev 4:20, at Guds rige ikke består af ord, men af kraft. Kraften bliver større, jo mere vi opnår fuldkommen tro. Guds kraft kommer over os i overensstemmelse med vores mål af bønner, tro og kærlighed. Guds mirakuløse gerninger, som er på et højere niveau end helbredelsens gerning, kan kun udføres af de mennesker, som får Guds kraft gennem bønner og faste.

Så hvis man har fuldkommen tro, vil der umulige blive muligt og man kan frimodigt bekende: "Hvis du kan! Alt er muligt for den, der tror."

4. "Jeg tror, hjælp min vantro!"

Der er en proces, som er nødvendig at gennemgå, før man kan få løsninger på alle sine problemer.

For det første må man starte processen med at give positive bekendelser med munden
Der var en far, som i lang tid havde været fortvivlet, fordi hans søn var blevet besat af onde ånder. Da faren hørte om Jesus, begyndte han at længes efter at se ham, og til sidst tog han sin søn med hen til ham i håb om, et drengen måske ville kunne helbredes. Selv om han ikke følte sig overbevist om det, bad han

Jesus om at helbrede drengen.

Jesus irettesatte faren for at sige: "Hvis du kan", men så opmuntrede han ham med ordene: og *"Alt er muligt for den, der tror"* (Markusevangeliet 9:23). Med denne opmuntring sagde faren straks: *"Jeg tror, hjælp min vantro"* (Markusevangeliet 9:23). Dermed fremsatte han en positiv bekendelse af tro overfor Jesus.

Faren havde hørt, at alt var muligt for Jesus. Han havde forstået det rent intellektuelt og bekendt sin tro med munden, men dette fik ham ikke til at tro det af hjertet. Selv om han kun havde tro som viden, så blev hans positive bekendelse en bøn om åndelig tro, og det førte ham til at få svar.

Derefter må vi have åndelig tro, som får os til at tro af hjertets grund

Faren til den dæmonbesatte dreng var ivrig efter at opnå åndelig tro, så han sagde til Jesus: *"Jeg tror, hjælp min vantro"* (Markusevangeliet 9:23). Da Jesus hørte denne forespørgsel, så han farens oprigtige hjerte, sandfærdighed, inderlighed og tro, så han gav ham åndelig tro, dvs. tro af hjertets grund. Og så kunne Gud arbejde for ham, og han fik straks svar på sin bøn.

Jesus befalede, som vi ser i Markusevangeliet 9:25: *"Du stumme og døve ånd, jeg befaler dig: Far ud af ham og far aldrig mere ind i ham."* Og der onde ånd blev dermed uddrevet.

Drengens far kunne med andre ord ikke få Guds svar med kødelig tro, som bestod af ren viden. Men så snart han fik åndelig tro, blev Guds svar givet til ham.

Det tredje punkt i processen er at kalde i bøn indtil det øjeblik, hvor svaret kommer

I Jeremias' Bog 33:3 lover Gud os: *"Kald på mig, så vil jeg svare dig og fortæller dig om store og ufattelige ting, du ikke kender."* Og i Ezekiels Bog 36:37 lærer han os: *"Endnu ét vil jeg gøre for Israels hus på deres bøn."* Som der står ovenfor, kaldte både Jesus, profeterne i det Gamle Testamente og disciplene i det Nye Testamente på Gud i bøn, for at få hans svar.

På samme måde kan vi kun opnå den tro, som får os til at tro af hjertets grund, når vi kalder i bøn. Og det er kun med denne åndelige tro, at vi kan få svar på bønner og løsninger på problemer. Vi må kalde i bøn, indtil vi får svar, og så vil det umulige blive muligt for os. Faren til det dæmonbesatte barn fik svar, fordi kan kaldte i sin bøn til Jesus.

Denne historie om faren til det dæmonbesatte barn indeholder en vigtig lektion vedrørende Guds lov: Hvis vi vil opleve Guds ord, som siger: "Hvis du kan! Alt er muligt for den, der tror", så må vi forandre vores kødelige tro til åndelig tro, der hjælper os med at have fast tillid, stå på troens klippe og adlyde uden at tvivle.

For at opsummere processen så må man først give positive trosbekendelser med en kødelig tro, der er opbygget af viden. Derefter må man kalde på Gud i bøn, indtil man får svar. Og til sidst må man få den åndelige tro fra oven, som gør det muligt at tro af hjertets grund.

Før man kan opfylde disse tre betingelser og få svar, må man ødelægge syndens mur, som skiller os fra Gud. Derefter må man udvise handlinger i tro med oprigtighed. Så må man lade sin sjæl trives. Og i den udstrækning, man opfylder disse tre betingelser, kan man få åndelig tro fra oven og gøre det umulige muligt.

Hvis man forsøger selv at gøre tingene i stedet for at overgive dem til den almægtige Gud, så vil man komme ud for vanskeligheder og problemer. Men når man omvendt nedbryder alle menneskelige tanker, som får forehavendet til at synes umuligt, og overlader alt til Gud, så vil han gøre hvad som helst for os. Og hvad vil så være umuligt?

Kødelige tanker er fjendtlige overfor Gud (Romerbrevet 8:7). De forhindrer os i at tro, og får os til at skuffe Gud ved at ytre negative bekendelser. De hjælper Satan med at fremsætte beskyldninger mod os, og dermed påføre os prøvelser, vanskeligheder, trængsler og problemer. Vi må derfor nedbryde alle de kødelige tanker. Uanset hvilken form for problemer, vi kommer ud for, inklusiv problemer med sjælens trivsel, forretningsanliggender, arbejde, sygdom og familie, så må vi overlade alt i Guds hænder. Vi må stole på den almægtige Gud, tro at han vil gøre det umulige muligt, og nedbryde alle kødelige tanker med troen.

Når vi fremsætter positive bekendelser med ordene: "Jeg tror", og beder til Gud af hjertets grund, vil han give os den tro, som lader os tro af hele vort hjertet, og med denne tro vil han lade os få svar på ethvert problem til hans herlighed. Hvor vil det være et velsignet liv!

Må I gå i troen for at opnå Guds rige og retfærdighed; opfylde den store mission om at prædike budskabet til hele verden; gøre den del af Guds vilje, der er blevet jer tildelt; være soldater for korset, der gør det umulige muligt, og skinne med Kristi lys. Det beder jeg om i Jesu Kristi navn!

Kapitel 6

Daniel satte sin lid til Gud

Da svarede Daniel kongen:
"Kongen leve evigt! Min Gud sendte sin engel;
han lukkede løvernes gab, så de ikke kunne gøre mig noget;
det var, fordi han fandt mig uskyldig.
Heller ikke mod dig, konge, har jeg forbrudt mig."
Kongen blev meget glad og befalede,
at Daniel skulle løftes op af kulen.
Og da Daniel var blevet løftet op af kulen,
kunne man se, at han ikke havde lidt nogen skade,
fordi han havde stolet på sin Gud.

Daniel Bog 6:21-23

Da Daniel var barn, blev han taget som slave i Babylon. Men senere blev han indsat i en høj stilling ved kongens nåde. Da han i allerhøjeste grad elskede Gud, gav Gud ham begavelse og intelligens på alle områder, inklusiv litteratur og visdom. Daniel forstod også alle kongens visioner og drømme. Han var politiker og profet, og han åbenbarede Guds kraft.

Gennem hele sit liv gik han aldrig på kompromis med verden, men tjente Gud. Han gennemgik trængsler og prøvelser med martyriets tro, og forherligede Gud ved troens store triumf. Hvad kan vi gøre for at opnå samme tro som Daniel, der var regent over hele Babylon næst efter kongen, blev kastet i løvekulen og overlevede uden så meget som en skramme på kroppen?

1. Daniel, et troende menneske

Under kong Rehabeams regeringstid blev kongeriget Israel delt i to – det sydlige kongerige Juda og det nordlige kongerige Israel – på grund af kong Salomos ulydighed (Første Kongebog 11:26-36). De konger og folk, der var lydige overfor Guds befalinger, havde trivsel og fremgang, mens de, som var ulydige overfor Guds lov, blev ført til ødelæggelse.

I år 722 f.Kr. faldt det nordlige rige Israel under Assyriens angreb. Ved den lejlighed blev utallige mennesker taget til fange og ført til Assyrien. Det sydlige rige Juda blev også invaderet, men faldt ikke.

Senere angreb kong Nebukadnesar det sydlige rige Juda, og i

tredje forsøg trængte han ind i byen Jerusalem og ødelagde Guds tempel. Det skete i 586 f.Kr.

I kong Jojakims tredje regeringsår i Juda kom Babylons konge Nebukadnesar til Jerusalem og besatte byen. Under det første angreb bandt Nebukadnesar kong Jojakim med bronzekæder og tog ham til Babylon, ligesom han tog nogle ting fra Guds hus med sig tilbage.

Daniel var den første bland de adelige og kongefamilien, der blev taget til fange. Han levede i et ikke-jødisk land, men trivedes under forskellige konger: Nebukadnesar og Belshassar, som var konger over Babylon, og Dareios og Kyros, om var konger af Persien. Daniel levede i de ikke-jødiske lande i lang tid og fungerede også som regent efter kongerne. For han udviste en tro, hvormed han ikke gik på kompromis med verden, og levede et liv i triumf som Guds profet.

Nebukadnesar, som var konge i Babylon, beordrede in hofchef at udvælge nogle israelitter, dels fra kongeslægten, dels fra de fornemme familier, unge mænd uden legemsfejl, smukke, med indsigt i al slags visdom, men kundskab, forstand og med evner til at gøre tjeneste i kongens palads. De skulle undervises i kaldæernes skrift og sprog. De fik mad og vin fra det kongelige taffel, og skulle uddannes gennem tre år. Daniel var en af dem (Daniels Bog 1:4-5).

Men Daniel besluttede sig for, at han ikke ville være uren ved mad og vin fra det kongelige taffel, så han bad hofchefen om tilladelse til ikke at gøre sig uren (Daniels Bog 1:8). Så stor var

Daniels tro og han ønske om ikke at bryde Guds lov. Gud lod Daniel finde velvilje og barmhjertighed hos hofchefen (vers 9), så han holdt op med at give Daniel og hans venner mad og vin fra taflet, og gav dem i stedet grøntsager (vers 16).

Gud så Daniels tro, og gav ham forstand og indsigt i al slags skrift og visdom. Daniel forstod sig også på alle slags syner og drømme (vers 17). Hver gang kongen spurgte ham om noget, som krævede visdom og indsigt, opdagede han, at han var ti gange dygtigere end samtlige mirakelmagere og besværgere i hele kongeriget (vers 20).

Så skete det, at kong Nebukadnear blev så urolig over en drøm, han havde haft, at han ikke kunne falde i søvn igen. Ingen af kaldæerne var i stand til at tyde drømmen. Men Daniel lykkedes det at komme med en tydning ved hjælp af Guds visdom og kraft. Så ophøjede kongen ham og gav ham mange store gaver, og han gjorde ham til hersker over hele provinsen Babylon og overhoved over alle Babylons vismænd (Daniels Bog 2:46-48).

Og det var ikke kun under kong Nebukadnesars kongedømme, mens også under Belshassar, at Daniel opnåede nåde og anerkendelse. Belshassar bekendtgjorde, at Daniel skule være den tredjemægtigste i riget. Og da kong Belshassar blev slået ihjel og Dareios overtog kongedømmet, fandt Daniel stadig kongens nåde.

Konge Dareios indsatte 120 satrapper over hele kongeriget, og over dem tre rigsråder. Men Daniel begyndte at udmærke sig blandt satrapperne og rigsråderne på grund af sin fremragende ånd, så kongen havde til hensigt at indsætte ham over hele kongeriget.

Så begyndte satrapperne og rigsråderne at lede efter en grund til at anklage Daniel for hans forhold til kongedømmet. Men de kunne ikke finde noget at anklage ham for; han var trofast, og der var ikke nogen forsømmelighed eller fejl hos ham. Så lagde de en plan for at anklage Daniel på grund af Guds lov. De opfordrede kongen til at udstede en dekret om, at alle, som bad til nogen andre end kongen i de kommende 30 dage, hvad enten det var gud eller menneske, skulle kastet i løvekulen. Og de bad ham om at udstede dekretet skriftligt, så det i henhold til medernes og persernes lov ikke ville kunne ændres. Og kong Dareios lod dekretet udfærdige skriftligt.

Da Daniel fik at vide, at skrivelsen var blevet udfærdiget, gik han hjem. Han åbnede de vinduer i sit tagværelse, der vendte mod Jerusalem, og tre gange om dagen knælede han og bad til Gud og takkede han, sådan som han altid havde gjort (Daniel 6:10). Han vidste, at han ville blive kastet i løvekulen, hvis han brød dekretet, men valgte martyrdøden for at fortætte med at tjene sin Gud.

Selv under sit fangeskab i Babylon huskede Daniel altid Guds nåde, og han elskede ham inderligt i den grad, at han knælede, bad og takkede Gud tre gange om dagen uden undtagelser. Han havde en stærk tro og gik aldrig på kompromis med verden, men tjente sin Gud.

2. Daniel blev kastet i løvekulen

De mennesker, som var jaloux på Daniel, rottede sig sammen, og de styrtede ind og fandt Daniel, mens han bad til sin Gud og påkaldte ham. Så trådte de frem for kongen og henviste til det kongelige dekret. Kongen indså endelig, at disse mennesker ikke have bedt ham udfærdige dekretet til egen hyldest, men derimod som del af en plan om at skille sig af med Daniel, og han blev ilde til mode. Men da han selv havde udfærdiget det skriftlige dekret, kunne han ikke ændre det.

Kongen anstrengte sig for at hjælpe Daniel, mens satrapperne og rigsråderne afviste hans forsøg, så kongen havde ikke andre muligheder end at følge sin egen lov.

Han var tvunget til at give ordren, og Daniel blev kastet i løvekulen. En sten blev lagt hen over kulens åbning, og der kunne ikke ske nogen ændring i Daniels situation.

Derpå gik kongen, som holdt af Daniel, tilbage til sit palads. Han tilbragte natten fastende, sendte ikke bud efter nogen medhustru og kunne ikke sove. Tidligt om morgenen, ved daggry, stod han op, og skyndte sig ud til løvekulen. Man skulle naturligvis tro, at Daniel var blevet spist af de sultne løver, når han nu havde tilbragt natten i løvekulen. Men kongen skyndte sig af sted i forventning om, at han måske havde overlevet.

På den tid var det almindeligt at kaste forbryderne i løvekulen. Hvordan skulle Daniel kunne overvinde de sultne løver og overleve? Men kongen tænkte, at den Gud, om Daniel tjente, måske ville være i stand til at redde ham, så han gik hen til kulen. Bekymret råbte han: "Daniel, den levende Guds tjener, har din Gud, som du uophørligt dyrker, kunnet redde dig fra løverne?"

Til kongens forbløffelse lød Daniels stemme inde fra løvekulen: *"Kongen leve evigt! Min Gud sendte sin engel; han lukkede løvernes gab, så de ikke kunne gøre mig noget; det var, fordi han fandt mig uskyldig. Heller ikke mod dig, konge, har jeg forbrudt mig"* (Daniels Bog 6:21-22).

Konge blev meget glad og befalede, at Daniel skulle løftes op af kulen. Da Daniel blev løftet op af kulen, kunne man se, at han ikke havde lidt nogen skade. Hvor var det dog forbløffende! Dette var troens store triumf for Daniel, som havde sat sin lid til Gud! Han overlevede blandt sulte løver og åbenbarede Guds herlighed for ikke-jøderne, fordi han stolede på den levende Gud.

Og kongen befalede, at de mænd, som var kommet med anklager mod Daniel, skulle kastes i løvekulen sammen med deres koner og børn. Og knap var de nået til bunden af kulen, før løverne kastede sig over dem og knuste alle deres knogler (Daniels Bog 6:24). Derpå sendte kong Dareios en skrivelse ud til alle folk, stammer og tungemål, som boede over hele jorden, om at de skulle frygte og skælve for Daniels Gud.

Han skrev til dem: *"Vær hilset! Jeg udsender hermed en befaling: I hele mit kongerige, så langt mit herredømme rækker, skal man frygte og skælve for Daniels Gud. For han er den levende Gud, han forbliver i evighed, hans kongerige kan ikke gå til grunde, hans herredømme er uden ende. Han redder og befrier, han gør tegn og undere i himlen og på jorden. Han reddede Daniel ud af løvernes kløer!"* (Daniels Bog 6:27-28)

Dette var en stor triumf for troen! Alt dette skyldtes, at Daniel var uden synd, og at han fuldt og helt stolede på Gud. Når vi går i Guds ord og dvæler i hans kærlighed, vil han vise os en udvej og lade os triumfere, uanset hvilken situation eller betingelser, der er tale om.

3. Daniel, sejrherre med stor tro

Hvilken form for tro havde Daniel, siden han kunne forherlige Gud på denne måde? Lad os se nærmere på Daniels tro, sådan at vi selv kan overvinde alle former for trængsler og vanskeligheder, og åbenbare den levende Guds ære overfor mange mennesker.

Før det første gik Daniel aldrig på kompromis med troen

for noget i verden

Da han var en af de ledende personer i Babylon, regerede han over mange af landets affærer, og han var udmærket klar over, at han ville blive kastet i løvekulen, hvis han overtrådte dekretet. Men han fulgte ikke almindelig menneskelig tænkning eller visdom. Han var ikke bange for de mennesker, som havde lagt onde planer mod ham. I stedet knælede han ned og bad, som han altid havde gjort. Hvis han havde fulgt almindelig menneskelig tænkning, ville han have ladet være med at bede i de tredive dage, dekretet galt, eller han ville have bedt i en hemmeligt værelse. Men det gjorde han ikke. Han søgte ikke at spare sit eget liv, og han gik ikke på kompromis med verden. Han fastholdt sin tro med sin kærlighed til Gud.

Daniel havde martyriets tro, og derfor gik han hjem og åbnede vinduerne i sit tagværelse mod Jerusalem, selv om han vidste, at dekretet var blevet udstedt. Han knælede fortsat ned tre gange om dagen for at bede og takke Gud, som han altid havde gjort.

For det andet havde Daniel så stor tro, at han ikke holdt op med at bede

Da han kom i en situation, hvor han måtte forberede sig på at dø, bad han til Gud, som han altid havde gjort. Han ville ikke begå den synd at holde op med at bede (Første Samuelsbog 12:23).

Bøn er åndens vejtrækning, så vi bør ikke holde op med at bede. Når trængsler og vanskeligheder kommer over os, må vi bede, og når vi er i fred, må vi bede om ikke at falde i fristelse (Lukasevangeliet 22:40). Da Daniel fortsatte med at bede, kunne han fastholde sin tro og overvinde trængslerne.

For det tredje havde Daniel så stor tro, at han var taknemmelig under alle omstændigheder

Mange af de trosfædre, der er beskrevet i Bibelen, var taknemmelige under alle omstændigheder, fordi de vidste, at det er sand tro at være taknemmelig til hver en tid. Da Daniel blev kastet ind i løvekulen, fordi han fulgte Guds lov, blev det en triumf for troen. Selv om han var blevet ædt af løverne, ville han være havnet i Guds favn og have levet i himmeriget til evig tid. Så uanset hvad der var sket, ville han ikke have haft noget at frygte! Når et menneske fuldt ud tror på himlen, vil han ikke være bange for døden.

Selv om Daniel senere skulle leve i fred som hersker over hele riget efter kongen, så var det kun en midlertidig ære. Men hvis han fastholdt sin tro og døde som martyr, ville han blive anerkendt af Gud, opnå stor ære i himlens rige og leve i evig herlighed. Derfor kunne han kun være taknemmelig.

For det fjerde havde Daniel aldrig syndet. Han havde tro til at følge og praktisere Guds ord

Der var ikke noget grundlag for at anklage Daniel med hensyn til hans forhold til kongedømmet. Der var ikke nogen form for korruption, mangelfuldhed eller uærlighed at finde ved ham. Han levede et rent liv!

Daniel angrede ikke, og han bar ikke noget nag overfor kongen, som havde befalet, at han skulle kastet i løbekulen. I stedet var han til stadighed trofast overfor kongen i den grad, at han hilste ham: "Kongen leve evigt!" Hvis der havde været tale om en prøve, som blev givet ham, fordi han havde syndet, ville Gud ikke have beskyttet ham. Men da Daniel ikke havde syndet, blev han beskyttet af Gud.

For det femte havde Daniel tro nok til at stole fuldt ud på Gud

Hvis vi har ærefrygt for Gud, sætte vores lid fuldt ud til ham og overlader alt i hans hænder, vil han løse alle former for problemer for os. Daniel stolede fuldt ud på Gud og satte sin lid til ham. Så han gik ikke på kompromis med verden, men valgte Guds lov og bad om Guds hjælp. Gud så Daniels tro og arbejdede for at alt skulle gå ham godt. Han fik den ene velsignelse efter den anden, alt sammen til Guds herlighed.

Hvis vi har den samme tro som Daniel, så kan vi overvinde alle trængsler og vanskeligheder, gøre dem til muligheder for at opnå velsignelser og bære vidnesbyrd om den levende Gud. Den fjendtlige djævel går rundt som en brølende løve og leder efter noget at fortære. Så vi må modstå djævlen med stærk tro og leve under Guds beskyttelse ved at overholde og adlyde alle Guds ord.

Gennem trængsler, som kommer over os en stund, vil Gud fuldkommengøre, bekræfte, styrke og grundfæste os (Første

Petersbrev 5:10). Må I opnå samme tro som Daniel, gå med Gud til hver en tid, og prise ham. Det beder jeg om i vor Herre Jesu Kristi navn!

Kapitel 7

Gud forsørger på forhånd

Men Herrens engel råbte til ham fra himlen:
"Abraham, Abraham!" Han svarede ja, og englen sagde:
"Læg ikke hånd på drengen, og gør ham ikke noget! Nu ved jeg,
at du frygter Gud og end ikke vil nægte ham din eneste søn."
Da Abraham så op, fik han øje på en vædder,
som hang fast med hornene i det tætte krat bagved.
Abraham gik hen og tog vædderen og bragte
den som brændoffer i stedet for sin søn.
Abraham gav dette sted navnet: "Herren ser."
I dag kaldes det: "Bjerget, hvor Herren viser sig."

Første Mosebog 22:11-14

Jehovah-jireh! Hvor er det dog opmuntrende og glædeligt bare at høre det! Det betyder, at Gud sørger for alt på forhånd. I dag er der mange troende, som har hørt og ved, at Gud forbereder alt og arbejder for altings bedste. Men de fleste mennesker når aldrig at opleve dette løfte fra Gud i deres trosliv.

Ordet "Jehova-jireh" indeholder velsignelse, retfærdighed og håb. Alle ønsker og længes efter disse ting. Hvis vi ikke indser, hvad det er, disse ord henviser til, kan vi heller ikke gå den rette vej til velsignelser. Så jeg vil nu fortælle om Abrahams tro for at vise et eksempel på et menneske, som for alvor oplevede velsignelsen af "Jehova-jireh."

1. Abraham satte Guds ord over alt andet

Jesus siger følgende i Markusevangeliet 12:30: *"Du skal elske Herren din Gud af hele dit hjerte og af hele din sjæl og af hele dit sind og af hele din styrke."* Som der står i Første Mosebog 22:11-14 elskede Abraham Gud så højt, at han kunne tale med Gud ansigt til ansigt, forstå Guds vilje og få velsignelsen Jehova-jireh. Vi må indse, at det ikke var tilfældigt, at han opnåede alle disse ting.

Abraham satte Gud over alt andet, og han anså hans ord for at være mere værdifulde end noget andet. Så han fulgte ikke sine egne tanker, og han var altid klar til at adlyde Gud. Da han var sandfærdig overfor Gud og sig selv uden nogen former for falskhed, var han af hjertets grund parat til at blive velsignet.

Gud sagde til Abraham i Første Mosebog 12:1-3: *"Forlad dit land og din slægt og din fars hus, og drag til det land, jeg vil vise dig. Jeg vil gøre dig til et stort folk og velsigne dig. Jeg vil gøre dit navn stort, og du skal være en velsignelse. Jeg vil velsigne den, der velsigner dig, og den, der forbander dig, vil jeg forbande. I dig skal alle jordens slægter velsignes."*

Hvis Abraham i denne situation havde brugt almindelig menneskelig tænkning, ville han nok have været lidt urolig over, at Gud befalede ham at forlade sit land, sin slægt og sin faders hus. Men han anså Gud Faderen, altings Skaber, for den vigtigste. Dermed kunne han adlyde og følge Guds vilje. På samme måde kan alle følge Guds vilje med glæde, hvis de virkelig elsker Gud. Det skyldes, de tror på, at Gud arbejder for, at alt skal gå dem godt.

Mange steder i Bibelen kan vi læse om trosfædrene, som anså Guds ord for at være det primære, og som fulgte hans ord. I Første Kongebog 19:20-21 står der: *"Han [Elisa] forlod okserne, løb efter Elias og sagde: "Lad mig kysse min far og min mor farvel, så kommer jeg og følger dig."* Elias svarede ham: *"Vend tilbage, for hvad er det ikke, jeg har gjort ved dig!" Da vendte Elisa sig om, tog oksespandet og slagtede dem; han kogte kødet over ilden fra oksernes åg. Det gav han til folkene, og de spiste. Selv stod han op og fulgte Elias og kom i hans tjeneste."* Da Gud kaldte Elisa gennem Elias, forlod han straks alt og fulgte med ham efter Guds vilje.

Det var det samme med Jesu disciple. Da Jesus kaldte dem, fulgte de ham straks. Matthæusevangeliet 4:18-22 fortæller os: *"Da Jesus gik langs Galilæas Sø, så han to brødre, Simon kaldet Peter og hans bror Andreas, i færd med at kaste net i søen; for de var fiskere. Han sagde til dem: "Kom og følg med mig, så vil jeg gøre jer til menneskefiskere." De lod straks garnene være og fulgte ham. Da han gik videre, så han to andre brødre, Jakob, Zebedæus' søn, og hans bror Johannes, i båden sammen med deres far Zebedæus i færd med at ordne deres garn. Han kaldte på dem, og de forlod straks båden og deres far og fulgte ham."*

Jeg opfordrer jer indgående til at have så stor tro, at I kan adlyde Guds vilje, hvad den end måtte være, og at anse Guds ord for at være det primære, sådan at Gud kan arbejde for, at alt skal gå jer godt ved hans kraft.

2. Abraham svarede altid "Ja!"

I overensstemmelse med Guds ord forlod Abraham sit land Karan og tog til Kana'ans land. Men da der var alvorlig hungersnød der, måtte han tage videre til Egypten (Første Mosebog 12:10). Da han flyttede dertil, kaldte han sin kone for sin "søster", for at undgå at blive slået ihjel. Nogen siger desangående, at han bedragede folk omkring sig ved at sige, at hun var hans søster, fordi han var en kujon. Men rent faktisk løj han ikke for dem; han bruge bare sin menneskelige tænkning. Det er et faktum, at da han blev befalet at forlade sit land, adlød han uden frygt. Så det er ikke sandt, at han bedragede dem, fordi han var en kujon. Han gjorde det dels, fordi hun rent faktisk var hans kusine, og dels fordi han tænkte, at det ville være bedre at kalde hende "søster" frem for "kone."

Mens Abraham var i Egypten, blev han raffineret af Gud, sådan at han kunne stole fuldkommen på Gud med sand tro uden at følge menneskelig visdom og tænkning. Han var allerede klar til at adlyde, men der var stadig spor af menneskelige tanker i ham, som han måtte skille sig af med. Gennem denne trængsel lod Gud Egyptens Farao behandle ham godt. Gud gav Abraham mange velsignelser, deriblandt får, køer og æsler, trælle og trælkvinder, æselhopper og kameler.

Dette fortæller os, at hvis vi udsættes for trængsler, fordi vi ikke adlyder, så må vi lide under vanskeligheder. Men hvis trængslerne kommer på grund af kødelige tanker, som vi endnu ikke har skilt os af med, selv om vi er lydige, så sørger Gud for, at alt går os godt.

Disse trængsler gjorde det muligt for ham altid at svare med "Amen" og adlyde i alt, og nogen tid efter befalede Gud ham at ofre sin enbårne søn Isak som brændoffer. I Første Mosebog 22:1 står der: *"Da skete det, at Gud satte Abraham på prøve. Han sagde: "Abraham!" og [...] Abraham svarede ja."*

Da Isak blev født, var Abraham hundred år gammel, og hans

kone, Sara, var halvfems. De havde anset det for umuligt, at de kunne få et barn i deres høje alder, men ved Guds nåde og løfte blev der født dem en søn, og denne søn var mere værdifuld for dem end noget andet. Desuden var han sæden af Guds løfte. Derfor blev Abraham forbløffet, da Gud befalede ham at ofre sønnen som brændoffer, som om han var et dyr. Det lå langt ud over den menneskelige forestillingsevne.

Men Abraham troede på, at Gud ville være i stand til at genoprejse hans søn fra de døde, så han adlød Guds befaling (Hebræerbrevet 11:17-19). Og da alle hans kødelige tanker var blevet nedbrudt, havde han så stor tro, at han kunne ofre sin eneste søn Isak som brændoffer.

Gud så Abrahams tro og gav ham en vædder som brændoffer, sådan at Abraham ikke skulle lægge hånd på sin søn. Abraham fandt vædderen, som hang fast med hornene i det tætte krat, og ofrede den som brændoffer i stedet for sin søn. Og han kaldte stedet: "Herren ser."

Gud roste Abraham for hans tro, og sagde i Første Mosebog 22:12: *"Nu ved jeg, at du frygter Gud, og end ikke vil nægte mig din eneste søn."* Og han gav ham dette forbløffende løfte om velsignelse i verserne 17-18: *"Jeg (vil) velsigne dig og gøre dine efterkommere så talrige som himlens stjerner og som sandet ved havets bred. Dine efterkommere skal erobre deres fjenders porte. Alle jordens folk skal velsigne sig i dit afkom, fordi du adlød mig."*

Selv om et menneskes tro måske ikke har nået det samme niveau som Abrahams, så kan det til tider opleve velsignelsen af "Herren forsørger." Måske har vi været ved at gøre noget bestemt, men har opdaget, at Gud allerede havde forberedt det. Så har det nok været, fordi vores hjerte i et øjeblik fulgte Guds hjerte. Hvis vi er i stand til at have den samme tro som Abraham og fuldt ud adlyde Gud, vil vi leve med velsignelsen: "Herren forsørger" hvor som helst og når som helst. Sikke dog et forunderligt liv i Kristus!

For at få velsignelsen af Jehova-jireh "Herren forsørger", må man sige "Amen" til hvilken som helst befaling, man får af Gud, og følge Guds vilje fuldt og helt uden at insistere på ens egne tanker. Man må opnå Guds anerkendelse. Det er derfor, Gud klart og tydeligt fortæller os, at det er bedre at adlyde end at ofre (Første Samuelsbog 15:23).

Jesus, som havde Guds skikkelse, regnede det ikke for et rov at være lige med Gud, men gav afkald på det, tog en tjeners skikkelse på og blev mennesker lig. Og han ydmygede sig og blev lydig indtil døden (Filipperbrevet 2:6-8). Vedrørende hans fuldkomne lydighed står der i Andet Korintherbrev 1:19-20: *"For Guds søn, Jesus Kristus, som vi – jeg og Silvanus og Timotheus – har prædiket hos jer, var ikke både ja og nej, men i ham var der kun sagt ja; for alle Guds løfter har fået deres ja i ham. Derfor siger vi også ved ham vort amen, Gud til ære."*

Da Guds enbårne søn kun sagde "Ja", må vi ubetinget sige

"amen" til ethvert ord fra Gud, og forherlige ham ved at få velsignelsen "Herren forsørger."

3. Abraham søgte fred og hellighed i alt

Abraham regnede Guds ord for at være det primære, og han elskede ham mere end noget andet. Han sagde altid "Amen" til Guds ord og adlød det fuldt ud, sådan at han kunne behage Gud. Desuden blev han fuldt ud helliget og søgte altid fred med alle omkring sig, og på denne måde opnåede han Guds anerkendelse.

I Første Mosebog 13:8-9 sagde han til sin nevø Lot: *"Der må ikke være nogen splid mellem dig og mig, mellem dine hyrder og mine hyrder, for vi er jo i slægt med hinanden. Se, hele landet ligger åbent foran dig! Lad os gå hver til sit; vil du til venstre, går jeg til højre, og vil du til højre, går jeg til venstre."* Han var ældre end Lot, men lod Lot vælge, hvor han ville bosætte sig for at skabe fred og hellige sig. Han søgte nemlig ikke egen vinding, men andres bedste i sin åndelige kærlighed. Når vi lever i sandheden, bør vi på samme måde undlade at skabe splid og fremhæve os selv, sådan at vi kan være i fred med alle.

I Første Mosebog 14:12-16 ser vi, at da Abraham hørte, at hans nevø Lot var blevet taget til fange, mønstrede han sine våbenføre mænd, der var født som hans trælle, 318 mand, og forfulgte dem. Og han kom tilbage med sin slægtning Lot og hans egendele og kvinderne og folkene. Desuden medbragte han nogle egendele, der var blevet stjålet fra Sodomas konge. Og da han var fuldkommen retskaffen og gik på den rette vej, gav han Melkisedek, Salems konge, som var præst, tiende af det hele. Resten gav han tilbage til Sodomas konge med ordene: *"Jeg vil ikke have noget af dit, ikke så meget som en tråd eller en sandalrem! Du skal ikke kunne sige: Jeg har gjort Abram rig"* (vers 23). Så Abraham søgte ikke kun at skabe fred, men handlede også på en skyldfri og retskaffen måde.

I Hebræerbrevet 12:14 står der: *"Stræb efter fred med alle og efter den helligelse, uden hvilken ingen kan se Herren."* Jeg tilskynder jer inderligt til at indse, at Abraham fik velsignelsen Jehova-jireh "Herren forsørger", fordi han stræbte efter fred med alle mennesker og helligede sig. Jeg tilskynder også til at blive samme slags menneske, som han var.

4. Tro på Gud Skaberens kraft

For at opnå velsignelsen "Herren forsørger", må vi tro på Guds kraft. Hebræerbrevet 11:17-19 fortæller os: *"I tro bragte Abraham Isak som offer, da han blev sat på prøve, og var rede til at ofre sin eneste søn, skønt han havde fået løfterne, og der var blevet sagt til ham: "Det er efter Isak, dine efterkommere skal have navn;" for han regnede med, at Gud havde magt til endog at oprejse fra de døde, og derfra fik han ham også billedligt tilbage.*" Abraham troede på, at alt ville være muligt med Gud Skaberens kraft, så han adlød Gud uden at følge nogen form for kødelige eller menneskelig tænkning.

Hvad ville I læsere selv gøre, hvis Gud befalede jer at ofre jeres eneste søn som brændoffer? Hvis I troede på, at intet er umuligt med Guds kraft, ville I være i stand til at gøre det, uanset hvor ubehageligt, det ville være. Med denne tro vil I få velsignelsen "Herren forsørger."

Guds kraft er grænseløs, og han forbereder alt på forhånd, gennemfører det og giver os gengæld med velsignelser, når vi adlyder fuldt ud, uden nogen form for kødelige tanker, på samme måde som Abraham. Men hvis vi elsker noget andet mere end Gud, eller kun siger "Amen" til de ting, som stemmer overens med vores egne tanker og teorier, kan vi ikke få velsignelsen "Herren forsørger."

Som der står i Andet Korintherbrev 10:5: *"Vi nedbryder tankebygninger og alt, som trodsigt rejser sig mod kundskaben om Gud, vi gør enhver tanke til en lydig fange hos Kristus."* Hvis vi vil opleve velsignelsen "Herren forsørger" må vi skille os af med enhver form for menneskelig tanke, og opnå åndelig tro, så vi kan sige "Amen." Hvis ikke Moses havde haft åndelig tro, hvordan kunne han så have delt det Røde Hav? Og uden åndelig tro, hvordan kunne Josva så have ødelagt Jerikos bymur?

Hvis man kun adlyder de ting, der stemmer overens med ens egne tanker og viden, så er der ikke tale om åndelig lydighed.

Gud er i stand til at skabe noget ud af intet, så hvordan kan man sammenligne hans kraft med menneskets styrke og viden, når vi nu kun kan skabe noget ud af noget andet?

I Matthæusevangeliet 5:39-44 står der følgende: *"Men jeg siger til jer, at I ikke må sætte jer til modværge mod den, der vil jer noget ondt. Men slår nogen dig på din højre kind, så vend også den anden til. Og vil nogen ved rettens hjælp tage din kjortel, så lad ham også få kappen. Og vil nogen tvinge dig til at gå en mil med ham, så gå to mil med ham. Giv den, der beder dig; og vend ikke ryggen til den, der vil låne af dig. I har hørt, at der er sagt: "Du skal elske din næste og hade din fjende." Men jeg siger jer: Elsk jeres fjender og bed for dem, der forfølger jer."*

Hvor stor forskel er der på ikke Guds sandheds ord og vores egne tanker og viden? Jeg tilskynder alle til at huske, at hvis man kun siger "amen" til det, der stemmer overens med ens egne tanker, så kan man ikke opnå Guds rige og få velsignelsen Jehovajireh "Herren forsørger."

Har I nogensinde været bekymrede, urolige og tyngede, når I har stået overfor problemer, selv om I har tilkendegivet jeres tro på den almægtige Gud? Så kan der ikke være tale om sand tro. Hvis man har sand tro, stoler man på Guds kraft og overlader ethvert problem i hans hænder med glæde og taknemmelighed.

Må I hver især sætte Gud over alt, være lydige nok til altid at besvare Guds ord med "Amen", søge fred i hellighed med alle mennesker og tro på kraften fra Gud, som kan genoprejse de døde. Så kan I få og nyde velsignelsen "Herren forsørger." Det beder jeg for i vor Herre Jesu Kristi navn!

Forfatteren:
Dr. Jaerock Lee

Dr. Jaerock Lee blev født i Muan, Jeonnam provinsen, i den koreanske republik i 1943. Da han var i tyverne, led han af en række uhelbredelige sygdomme syv år i træk, og ventede på døden uden håb om bedring. En dag i foråret 1974 tog hans søster ham dog med i kirke, og da han knælede for at bede, helbredte den Levende Gud straks alle hans sygdomme.

Fra det øjeblik, hvor Dr. Lee mødte den Levende Gud gennem denne vidunderlige oplevelse, elskede han Gud oprigtigt af hele sit hjerte, og i 1978 blev han kaldet som Guds tjener. Han bad indtrængende om klart at forstå og opfylde Guds vilje, og adlød alle Guds bud. I 1982 grundlagde han Manmin Centralkirke i Seoul, Korea, og siden da har utallige af Guds gerninger fundet sted i denne kirke, inklusiv mirakuløse helbredelser og undere.

I 1986 blev Dr. Lee ordineret som pastor ved den årlige forsamling for Jesu Sungkyul kirke i Korea, og fire år senere i 1990 begyndte hans prædikener at blive udsendt til Australien, Rusland, Filippinerne og mange andre steder gennem det Fjernøstlige Udsendelsesselskab, Asiatisk Udsendelsesstation og Washington Kristne Radio.

Tre år senere i 1993 blev Manmin Centralkirke placeret på Top 50 for kirker over hele verden af magasinet *Christian World* i USA, og Dr. Lee modtog et æresdoktorat i guddommelighed fra Fakulteter for Kristen Tro i Florida, USA, og i 1996 en Ph.D i præsteembede fra Kingsway Teologiske Seminar, Iowa, USA.

Siden 1993 har Dr. Lee været en førende person i verdensmissionen gennem mange oversøiske kampagner i USA, Tanzania, Argentina, Uganda, Japan, Pakistan, Kenya, Filippinerne, Honduras, Indien, Rusland, Tyskland, Peru, Congo, Israel, og Estland og i 2002 blev han kaldt en "verdensomspændende pastor" af en større kristen avis i Korea på grund af hans mange oversøiske kampagner.

Siden Juni, 2017 har Manmin Centralkirke været en menighed med mere end 120.000 medlemmer. Der er 11.000 inden og udenrigs søsterkirker over hele kloden, og der er indtil videre udsendt mere end 102 missionærer til 23 lande, inklusiv USA, Rusland, Tyskland, Canada, Japan, Kina, Frankrig, Indien, Kenya og mange flere.

Indtil nu har Dr. Lee skrevet 108 bøger, blandt andet bestsellerne *En Smagsprøve på Det Evige Liv før Døden; Mit Liv, Min Tro (I) & (II); Budskabet fra Korset; Målet af Tro; Himlen I & II; Helvede* og *Guds Kraft* og hans værker er blevet oversat til mere end 76 sprog.

Hans kristne artikler er udsendt i *Hankook Ilbo, JoongAng Daily, Dong-A Ilbo, Chosun Ilbo, Seoul Shinmun, Kyunghyang Shinmun, The Korea Economic Daily, Shisa News* og *The Christian Press*.

Dr. Lee er for øjeblikket leder af mange missionsorganisationer og foreninger, blandt andet bestyrelsesformand for Jesus Kristus Forenede Hellighedskirke, Grundlægger og bestyrelsesformand for det Globale Kristne Netværk (GCN), Grundlægger og Bestyrelsesformand for Verdensnetværket af Kristne Læger (WCDN) og Grundlægger og Bestyrelsesformand for Manmin Internationale Seminar (MIS).

Andre stærke bøger af samme forfatter

Himlen I & II

En detaljeret skitse af det prægtige liv som de himmelske borgere vil nyde, og en beskrivelse af forskellige niveauer af himmelske riger.

Budskabet fra Korset

En stærk vækkelsesbesked til alle menneske, som sover i spirituel forstand. I denne bog vil du se årsagen til, at Jesus er den eneste Frelser, og fornemme Guds sande kærlighed.

Helvede

En indtrængende besked til hele menneskeheden fra Gud, som ikke ønsker at en eneste sjæl skal falde i helvedes dyb! Du vil opdage en redegørelse, som aldrig før er blevet offentliggjort, over de barske realiteter i Hades og helvede.

Ånd, Sjæl og Krop I & II

Gennem en åndelig forståelse af ånd, sjæl og krop, som er menneskets komponenter, kan læserne få indblik i deres "selv" og opnå indsigt i selve livet. Denne bog viser læserne genvejen til at deltage i den guddommelige natur og få alle de velsignelser, som Gud har lovet.

Målet af Tro

Hvilken slags himmelsk bolig og hvilken slags krans og belønninger er blevet gjort klar i himlen? Denne bog giver visdom og vejledning til at måle sin tro, og kultivere den bedste og mest modne tro.

Vågn op, Israel

Hvorfor har Gud holdt øje med Israel fra verdens begyndelse indtil nu? Hvad er hans forsyn for de sidste dage for Israel, som venter på Messias?

Mit Liv, Min Tro I & II

En velduftende spirituel aroma, som er et ekstrakt af den uforlignelige kærlighed til Gud, som blomstrede op midt i mørke bølger, under det tungeste åg og i den dybeste fortvivlelse.

Guds Kraft

En essentiel vejledning, hvorved man kan opnå sand tro og opleve Guds forunderlige kraft. En bog, som må læses.

www.urimbooks.com

www.ingramcontent.com/pod-product-compliance
Lightning Source LLC
LaVergne TN
LVHW041614070526
838199LV00052B/3144